Wolfgang Hering

CD INSIDE

Kunterbunte Spaß- und Spielmusik mit Kindern

CD INSIDE

Mit 19 Liedern zum Mitmachen

Einstiegsspiele

Musik mit Alltagsmaterialien, Perkussions- und Orff-Instrumenten

Kinderlieder

Klanggeschichten

Rhythmusspiele

Liedbegleitung

Bewegungsspiele

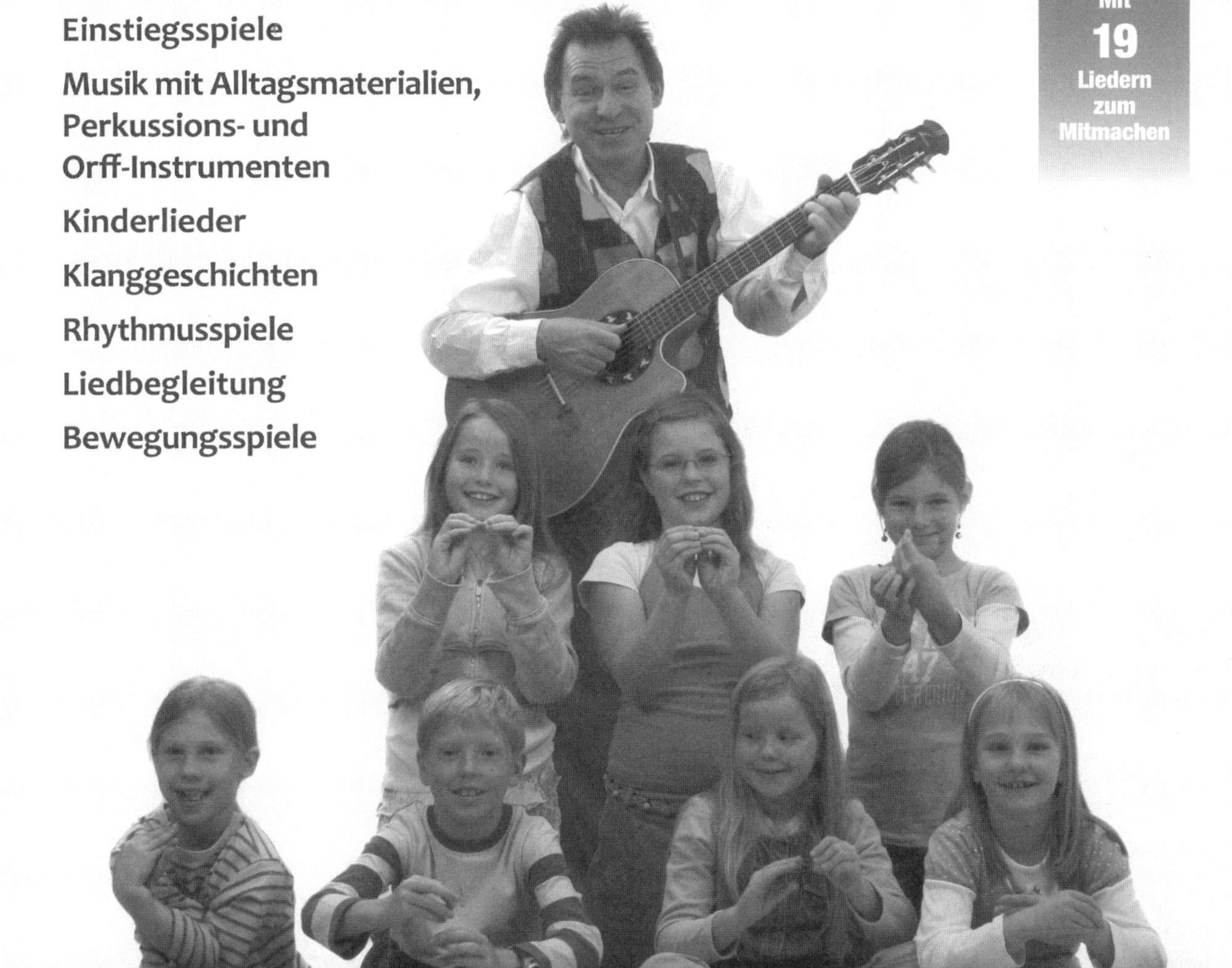

Alfred

Kunterbunte Spaß- und Spielmusik mit Kindern

Impressum

© 2016 by **Alfred** Music Publishing GmbH
info@alfredverlag.de
alfredmusic.de

All Rights Reserved!
Printed in Germany

item-#: 20260G (Book & CD)
ISBN-10: 3-943638-98-7
ISBN-13: 978-3-943638-98-1

MITWIRKENDE AN DER BUCH-PRODUKTION

Manuskript:	Wolfgang Hering
Coverfoto:	Felix Küssel
Bachcoverfoto:	Dirk Ostermeier
Covergestaltung:	Thomas Petzold
SW-Illustrationen:	Felix Küssel
Redaktion/Lektorat:	Thomas Petzold
Notensatz:	Thomas Petzold
Fotos:	SONOR Bild- und Mediendatenbank

MITWIRKENDE AN DER CD-PRODUKTION

Wolfgang Hering	Gesang, Gitarre
Nicole Jukic	Gesang
Heiko Eulen	Kontrabass, E-Bass
Jens Grossmann	Klavier, Keyboards
Hansi Rödig	Saxophone, Querflöte
Roman Beilharz	Schlagzeug, Percussion
Harald Wehnhardt	Arrangements, Gitarren
Nicolas Hering	Arrangements, Klavier

Produziert von Wolfgang Hering

Aufnahme, Mischung und Mastering:
UVASONAR Media Pool –
Roman Beilharz, Gudensberg
Tonassistenz: Michael Gerhold

Kinderchor
(aus der Offenen Schule Kassel-Waldau)
Greta Gallenkamp, Mia Sommerfeld,
Anna Wittig, Tim Wettlaufer
Leitung: Frank Lötzer

Kontaktadresse für Kinderkonzerte und
Fortbildungen:
www.wolfganghering.de
(mit vielen Infos, Terminplan und Hörproben)

Vorwort

Singen und Musikmachen spricht Kinder mit allen Sinnen an. Dabei sind Kopf, Herz und Hand miteinander im Einklang. Das sind fantasievolle Möglichkeiten für eine Rhythmik, die modern präsentiert wird. Meist geht es um das originelle Zusammenspiel von Musik, Sprache und Bewegung. Dieses Lernfeld macht Spaß und ist nebenbei eine wunderbare Sprachförderung. Als Kinderliedermacher und Musikpädagoge mit langjähriger Erfahrung stelle ich hier vielfältige Musik- und Bewegungsspiele, musikalische Ideen und Lieder mit einfachen Instrumentalbegleitungen für kleine und große Kinder vor. Besonders im Kindergarten, in Grund- und Förderschulen, als Ergänzung in der Musikschule aber auch zu Hause können die Spielanregungen ohne viel Aufwand umgesetzt werden.

Es geht los mit **Spielen zur Begrüßung und zum Kennenlernen**, Einstiegsangeboten mit Stimme, Bewegung und Instrumenten. Es gibt Anregungen für den Stuhlkreis, rhythmische Kreis- und Reaktionsspiele. Elementare Körperklänge werden abwechslungsreich verwendet.

Dann steht das **Musikmachen mit Alltagsmaterialien** wie Luftballons, Nüssen, Küchenutensilien, Papier und Naturstoffen wie z. B. mit Steinen im Mittelpunkt.

Es folgt ein Kapitel zum **Spiel mit kleinen Perkussionsinstrumenten**. Die Kinder können leicht Klanghölzer, Trommeln, Guiros, Glocken, Triangel, Becken und Schellenkranz zum Klingen bringen. Das Musikmachen wird mit Tanz und Bewegung verknüpft.

Zur **Liedbegleitung** haben sich besonders Stabspiele in der Praxis bewährt. Es kommen einfach anzuwendende Instrumente wie Klangbausteine, Glockenspiel und Xylofon zum Einsatz. Dur- und Mollharmonien sind vertreten und einfachste Liedbegleitungen werden vorgestellt. Mit ein, zwei oder drei Dreiklängen können die Kinder leicht zum Singen und zur musikalischen Begleitung eingeladen werden. Einzelne klingende Stäbe sind tragbar und ermöglichen es, sich in der Gruppe auf einfache Weise musikalisch zu betätigen.

Schließlich können die verschiedenen Instrumente für das **Zusammenspiel** miteinander kombiniert werden, sei es innerhalb einer Klanggeschichte, als Instrumentenlied oder im musikalischen Kreisspiel. Auch musikalische Laien finden hier vielfältige Anregungen.

Die **Begleit-CD** ist live im Studio eingespielt. Ich hoffe, dass die Spielfreude beim Hören und Mitmachen zu spüren ist.

Ich wünsche allen viel Spaß und gutes Gelingen beim Ausprobieren und Umsetzen der Spieltipps.

Wolfgang Hering

Inhalt

1. Einstiegsspiele mit Stimme, Bewegung und Orff-Instrumenten

Ja-Nein-Spiel (Rhythmisches Kreisspiel)	6
Guten Tag (Begrüßungsspiel)	7
Der unsichtbare Ball (Spielgedicht)	8
Hepp, Hopp und Plong (Reaktionsspiel)	9
Rhythmisches Wochenspiel (Kreisspiel)	10
Alle Kinder kommen dran (Kennenlernspiel)	10
Wer ist alles da? (Kennenlernspiel)	11
Das Körperteile-Echospiel	12
Eine kleine Spitzmaus (Abzählspiel)	13
Kleine Stuhlgeschichten (Bewegungsspiel)	14
Guten Morgen, liebe Kinder (Begrüßungslied) — CD 01	15
Zum Puls der Zeit (Bewegungsspiel)	16
Zwei Elefanten (Kreisspiel)	18
Wir gehn im Kreis (Kreis-/Bewegungsspiel)	18
Rhythmisches Gehen mit Richtungswechsel (Bewegungsspiel)	18
Kommt zur Tür rein (Tanzlied auf die Melodie: Jingle at the windows) — CD 02	19
Star, Fan und Bodyguard (Action-/Bewegungsspiel)	20
Ich hab mir etwas ausgedacht (Spielgedicht)	21
Körperspiel (Rhythmusspiel)	22

2. Musikmachen mit Alltagsmaterialien
wie Luftballons, Nüssen, Töpfen, Deckeln und Steinen

Ein Schlüsselspiel (Rhythmusspiel)	23
Mick mack mulinak (Nussspiel)	24
Familie Frosch (Klanggeschichte)	24
Topfmusik (Lied mit Requisiten aus der Küche) — CD 03	25
Flussüberquerung (Balancespiel mit Zeitungsblättern)	26
Luftballonspiele	27
Mein Luftballon (Lied mit Luftballons) — CD 04	28
Weitere Luftballonspiele	30
Steine wandern (Rhythmisches Kreisspiel)	31
Steine im Kreis (Lied auf die Melodie: Wer will fleißige Handwerker sehn)	32
Kruscholino, der Papierwurm (Spiellied mit Papier) — CD 05	34
Das Nussgedicht (Nussspiel)	36
Das Nussorchester (Spiellied mit Nüssen) — CD 06	36
Verbotener Rhythmus (Reaktionsspiel)	38

3. Spiel mit kleinen Perkussionsinstrumenten
wie Klanghölzer, Trommeln, Guiro, Glocken, Triangel, Becken, Schellenkranz etc.

Einführung in einfache Perkussionsinstrumente	39
Meine Rumbarassel (Rhythmusspiel)	40
Schüttellied (Tanzlied mit Rasseln auf die Melodie: Cheki Morena) — CD 07	40
Rhythmisches Regenspiel (Spiel mit Regenmacher oder Ocean Drum)	42
Die Waschmaschine (Bewegungslied) — CD 08	42

	Mein Freund, der Stuhl (Spielgedicht)	44
	Die Trommel gibt den Ton an (Bewegungsspiel)	45
	Trommelspiel (Spielgedicht)	45
CD 09	*Heut ist Trommeltag* (Lied mit einem Akkord)	46
	Das Fahrrad-Glöckchenspiel (Spielgedicht)	47
	Der Partner als Trommel (Kreisspiel)	48
	Zehn kleine Tannenbäume (Spiellied auf die Melodie: Zehn kleine Negerlein)	48

4. Liedbegleitung
mit Klangbausteinen, Stabspielen, Glockenspiel und Xylofon

	Einführung in Dur und Moll-Harmonien	50
	Glockenspiele, Xylofone und Metallofone	51
	Der wandernde Klangbaustein (Klangspiel)	52
	Fünf tolle Töne (Pentatonikspiel)	52
	Spiel mit einem Dreiklang	53
CD 10	*Hoch am Himmel* (Lied mit einem Akkord)	53
	Spiel mit zwei Dreiklängen	54
	Ich bin da (Begrüßungslied auf die Melodie: Sur le pont d'Avignon)	54
	Das Zwei-Töne-Stück (Spielgedicht)	55
	Ich geh mit meiner Laterne (Martinslied)	56
CD 11	*Ein kleines graues Eselchen* (Tanzlied/Kanon)	57
CD 12	Wir tanzen im grünen Gras (Tanzlied)	59
	Rundlauf um ein Xylofon (Pentatonisches Bewegungsspiel)	59
CD 13	*Was wollen wir tun?* (Bewegungslied)	60
	Eins, zwei oder drei (Spiel mit Klangbausteinen)	61
	Die musikalische Fliege (Spielgedicht)	61
CD 14	*Wirbel wie der Wind* (Tanzlied)	62

5. Zusammenspiel von verschiedenen Instrumenten

	Immer auf die Eins (Rhythmusspiel)	64
CD 15	*Mein lieber Schatz* (Instrumentenlied)	65
	Macht mir alle alles nach! (Reaktionsspiel)	66
	Instrumententanz (Instrumentenspiel)	67
CD 16	*Dschungel, Dschungel* (Spiellied)	68
	Der Leuchtturm (Klanggeschichte)	70
CD 17	*Wir machen Musik* (Instrumentenlied)	71
	Der kranke König (Instrumentenspiel)	72
	Die Schlange (Spielgedicht)	73
CD 18	*Das Klangkarussell* (Instrumentenlied)	74
	Die ungezogene Prinzessin (Klanggeschichte)	76
	Der Storch (Action-/Bewegungsspiel)	77
CD 19	*Das Tierkonzert* (Instrumentenlied)	78
	„Komm mit" oder „Lauf weg" (Bewegungsspiel)	80
	Auf Wiedersehen (Rhythmischer Abschiedsvers)	81

6. Lieder- und Spieleverzeichnis

	CD-Verzeichnis	82
	Lieder-Verzeichnis	82
	Spiele-Verzeichnis	84

1. Einstiegsspiele
mit Stimme, Bewegung und Orff-Instrumenten

In vielen Einrichtungen sind einfache Orff-Instrumente und meist auch weitere Rhythmusinstrumente reichhaltig vorhanden. Es fehlt oft an konkreten Anregungen, was mit dem musikalischen Material anzufangen ist. Der Musikschrank ist verwaist und die Instrumente könnten häufiger eingesetzt werden. Kinder lassen sich aber gerne auf eine kleine Musikeinheit ein. Das Singen und das Spiel mit Instrumenten passen hervorragend zusammen. Mit den Klängen kann das Kennenlernen der Kinder wunderbar unterstützt und neue Hörerfahrungen ermöglicht werden. Das Spiel mit Instrumenten lässt sich gut mit rhythmischen Einstiegsspielen kombinieren. Klanggeschichten und einfache Musikspiele haben ein niedriges Einsatzniveau und können ohne große musikalische Vorkenntnisse umgesetzt werden. Viele Kinderlieder lassen sich mit einfachen Mitteln begleiten. Das geht besonders gut mit Orff-Instrumenten. Viele Stücke sind auch für die Sprachförderung geeignet. Es ist ein Anfang mit Musik und eine Reise in die Welt der Töne. Viele Angebote regen die Phantasie der Kinder an. Im Folgenden finden Sie einfache Einstiegsspiele, die sich ohne großen Aufwand in der Kindergruppe oder Schulklasse umsetzen lassen.

Ja-Nein-Spiel
Wolfgang Hering

Alle sitzen oder stehen *im Kreis*. Es wird folgende Verabredung getroffen:

Dreht ein Mitspieler seinen *Kopf nach rechts*, sagt er dabei **„Ja"**, wendet er sich *nach links*, sagt er **„Nein"**. Der nächste Angesprochene in der Runde kann den Impuls auf die gleiche Weise an den nächsten Nachbarn weitergeben oder die *Richtung wechseln*, indem er widerspricht, d. h. aus einem „Ja" wird ein „Nein" oder umgekehrt.

Zusätzlich kann der Kreisimpuls unterbrochen werden, indem ein Mitspieler seinen *Blick geradeaus* hält, ohne etwas zu sagen. Dies ist das Signal, bei dem der Impuls *wortlos zum Vorgänger zurückgeht* und dieser sich entscheidet, wie er fortfahren möchte.

Am besten beginnt die Spielleitung. Besonders effektvoll wird das Spiel, wenn sich der Impuls im selben Metrum, d. h. rhythmisch einheitlich fortpflanzt. Diesen Grundschlag können Sie mit **Klanghölzern** verdeutlichen.

Sie können die Begriffe „ja" und „nein" mit einem anderen Gegensatzpaar austauschen, z. B. **„Tag"** und **„Nacht"** oder **„groß"** und **„klein"**.

1. Einstiegsspiele

Guten Tag!
Rhythmisierung: Wolfgang Hering

Ein witziges Rhythmusstück zum Einstieg, das gut als Partner- und Gruppenspiel gespielt werden kann.

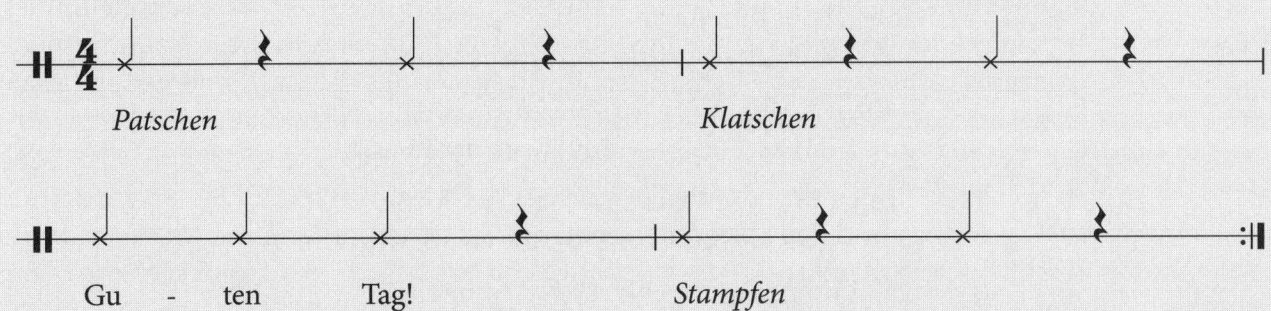

Die Gruppe steht *in einem Kreis* und übt zunächst den Ablauf:

2 x Patschen – 2 x Klatschen
Hände zum Schütteln ausstrecken und
dabei „Guten Tag" sagen und
dann 2 x Stampfen.

Paarbildung:
Anschließend bilden sich Paare, die sich gegenüberstehen.
Im **dritten Takt** schütteln sich die Partner zum Text die Hände.

Zweiergruppen:
Danach werden die Paare in zwei Gruppen eingeteilt, die das Stück nun als **Kanon** ausführen.

Viergruppen:
Dafür bilden sich Viergruppen; jeweils die gegenüber stehenden Mitwirkenden schütteln sich die Hände. Der Einstieg des zweiten Paares erfolgt im dritten Takt bei „Guten Tag".

Varianten

In einer **Achtergruppe** steigen die Paare taktweise ein, so dass sich in jedem Takt zwei Mitwirkende begrüßen. Es stehen also acht Personen im Kreis. Die jeweils gegenüber stehenden Kinder schütteln sich im dritten Takt die Hände, wie bei der Viergruppen. Es muss nur taktweise der Einstieg erfolgen.

Das geht dann bei vier Paaren auf. Wenn die Gesamtgruppe groß genug ist, kann es auch mehrere Achtergruppen geben, die das Spiel gleichzeitig ausführen. Statt „Guten Tag" können Sie auch **„Bonjour"** oder **„Good morning"** sagen.

Der unsichtbare Ball

Wolfgang Hering

Ich blas und blas und schaff das schon,
ganz groß wird hier ein Luftballon.

Fffff, ffff ...

Ich dreh ihn dann in meiner Hand,
ein wunderschöner Gegenstand.

Es ist ein leichter, runder Ball,
mein bestes Pferd heut hier im Stall.

Sieh mal, was dieser Ball so kann.
Er schwebt herum und dreht sich dann.

Ja, immer mehr kommt er in Trab,
hüpft auf den Fingern auf und ab.

Dann springt er auch auf meinem Knie
und fliegt in eigener Regie

mal auf den Arm, mal auf den Kopf,
packt die Gelegenheit beim Schopf

und haut mir ab, will mir entfliehn.
Ich renn ihm nach, verfolge ihn.

Es wird ein schneller, kurzer Lauf.
Ich fang ihn dann auch wieder auf.

Er will jetzt einfach weg von mir.
Ich werfe ihn direkt zu dir.

Du fängst ihn auf, er hüpft ein Stück
und fliegt ganz schnell zu mir zurück.

So tanzt er öfter hin und her,
das lange Schweben liebt er sehr.

Er macht noch einen großen Satz.
und sucht sich einen letzten Platz.

Spielanregungen

Sie können das Spielgedicht frei *im Kreis* interpretieren oder probieren es mit zwei Reihen, die sich gegenüber stehen. Die Gruppe interpretiert das Stück *pantomimisch*. Die Kinder pumpen einen Luftballon auf und gestalten den Textinhalt in der Luft.

Die Hände formen sich zu einem Ball. Das Aufblasen können Sie mit den entsprechenden Geräuschen frei interpretieren.

Wenn der Ball hochgeworfen wird, können Sie synchron mit der *Zunge schnalzen*.

Dann suchen die Kinder Partner, die den – unsichtbaren – *Luftballon zurückwerfen*.

Schließlich laufen alle dem Luftballon nach. Am Ende sucht jeder wieder den Ausgangsplatz auf.

Das Spiel kann von vorne beginnen.

Variante

Sie probieren es mit einem richtigen Luftballon und sprechen das Gedicht dazu. Helfen Sie den Kindern vorher beim Aufblasen.

1. Einstiegsspiele

Bei dem folgenden Spiel kommt es auf **Reaktionsgeschwindigkeit** und **Rhythmusgefühl** an. Die Regeln können der jeweiligen Altersgruppe angepasst werden.

Hepp, Hopp und Plong
Wolfgang Hering

1. Klatsche und drehe den Oberkörper mit!

Die Gruppe steht *im Kreis*. Es läuft ein **Klatschimpuls** herum. Damit das Klatschen wirklich zu einem starken Impuls wird, sollte sich auch der *Oberkörper mitdrehen*. Eine Hand bleibt noch einen Moment in der entsprechenden Richtung stehen. Dies unterstützt den Energiefluss von Mitspieler zu Mitspieler.

2. Rufe „Hepp!", wenn du nach rechts klatschst.

Als weiteres Element kommt dann die Stimme hinzu. Beim Klatschen *nach rechts* ruft das Kind: **„Hepp!"**

Rufe „Hopp!", wenn du nach links klatschst.

Wird die Richtung gewechselt und *nach links* geklatscht, ruft es laut: **„Hopp!"**

Mit dieser Neuerung spielen wir jetzt eine Weile, bis allen klar ist, dass jeder zu jeder Zeit die Richtung wechseln kann.

3. Rufe „Plong!", wenn du quer über den Kreis klatschst.

Als dritte Aktion kann der Impuls auch *quer über den Kreis* weitergegeben werden. Dazu wird das Gewicht auf beide Beine gelegt, die *Hände legen sich aneinander* und zeigen mit *gestreckten Armen* direkt auf den neuen Adressaten (oder es wird für das Anzeigen der Richtung ein Zeigefinger verwendet). Dazu wird laut: **„Plong!"** gerufen. Das angesprochene Kind nimmt den Impuls auf und gibt ihn weiter, wie es möchte, aber aufgepasst: *Das Kommando sollte mit der Bewegung übereinstimmen*. Nun wird eine Weile probiert, bis die Neuerung in den Spielfluss integriert wurde.

Varianten für Ältere

4. Rufe „Keiner!" und öffne dabei beide Hände zum Kreis hin, als wolltest du etwas in den Kreis hineingeben.

Als vierte Möglichkeit gibt es das Kommando: **„Keiner!"** *Dabei öffnet das Kind beide Hände zum Kreis hin, als wollte es dort etwas hineingeben*. Wer nun am schnellsten reagiert und mit dem Ruf: **„Meiner!"** dieses „Etwas" an sich nimmt, darf weitermachen und den Impuls weitergeben.

Es gibt noch weitere Varianten, um das Spiel noch abwechslungsreicher zu machen:

Ducken

Kommt der Impuls von einer Seite, darf sich ein Mitspieler auch **ducken**. Der nächste, folgende Mitspieler muss blitzschnell entscheiden, wie es weitergeht.

Schranke

Streckt ein Mitspieler den Arm aus, um eine Schranke zu bilden, indem er „stopp" ruft, wird dann automatisch die Richtung des Impulses um 180 Grad geändert.

Vereinfachte Fassung

Statt **„Hepp"** kann auch **„Rechts"**, statt **„Hopp"** **„Links"** und statt **„Plong"** der Begriff **„Geradeaus"** verwendet werden.

Eine gute Gelegenheit, die Seitenbezeichnungen zu üben!

Rhythmisches Wochenspiel (Ein Kreisspiel)
Wolfgang Hering

1. Zählt die Wochentage der Reihe nach auf! Beginnt mit „Montag!"

Alle sitzen *im Kreis*. Ein Kind oder die Spielleitung beginnt.

Die *Wochentage* werden *der Reihe nach gesprochen* beginnend mit **„Montag"**, d.h. jedes Kind sagt nacheinander den nächsten Wochentagsnamen (*bis Sonntag*).

2. Einer startet nun mit einem lauten „He!", hüpft hoch und bleibt stehen, bevor wieder die Wochentage ab „Montag" aufgezählt werden!

Im zweiten Durchgang wird nun *statt* „Montag" ein lautes **„He"** gerufen. Dabei hüpft derjenige hoch und bleibt stehen. Erst dann geht es mit „Montag" ganz normal wieder mit dem Nächsten in der Runde von vorne los. Es sollte möglichst ein Tempo beibehalten werden. Mit den Wochentagen sind es also acht Impulse („*He" plus die sieben Tage*).

3. Diejenigen, die bereits „He!" gerufen haben und stehen geblieben sind, werden jetzt ausgelassen!

In der nächsten Runde wird das Kind, das vorher aufgestanden war, einfach ausgelassen. Die sprechenden Kinder reduzieren sich also immer mehr. Am Ende bleibt ein Kind übrig, alle anderen sind aufgestanden.

Variante – Im Stehen beginnen!

Möglich ist auch das Spiel im Stehen anzufangen. Dann setzen sich alle nach und nach hin.

Weiterführung – Flüstern!

Wir flüstern die Wörter. Fordern Sie danach die Gruppe auf, beim Sprechen nur leise zu sprechen. Es ist interessant, wie sich die Teilnehmer aufeinander einstellen.

Alle Kinder kommen dran
Wolfgang Hering

1. Einstiegsspiele

„Ist denn unser/unsre .... da?"
(Namen einsetzen)

„Ja, ja, ja!"

„Ist er/sie denn auch wirklich da?"

„Ja, ja, ja!"

Er/sie winkt allein uns allen zu
und wackelt dazu mit dem Schuh.

Nach und nach kommt jeder dran,
so fangen wir heut an.

Spielanregungen

Das rhythmische Sprechstück ist gut für den Einstieg geeignet. Sollte ein Kind einen längeren Namen haben, dann wird das Wort „unser" einfach weggelassen bzw. durch „der"/„die" ersetzt.

Begleiten Sie das gesprochene Gedicht durchgehend mit Klanggesten, z. B. abwechselnd auf die *Oberschenkel patschen*.

Das *„Ja, ja, ja"* wird von allen gesprochen. Dann winkt uns das angesprochene Kind zu und bewegt seinen Fuß. Sie können je nach Gruppensituation aus dem Taktschlag-Rhythmus aussteigen oder auch – bei geübten Kindern – im Metrum bleiben (am besten dann das Patschen beibehalten).

Variante

Sie können reihum gehen, bis alle Kinder sich vorgestellt haben. Oder: Wer dran ist, nennt am Ende den Namen des nächsten Kindes.

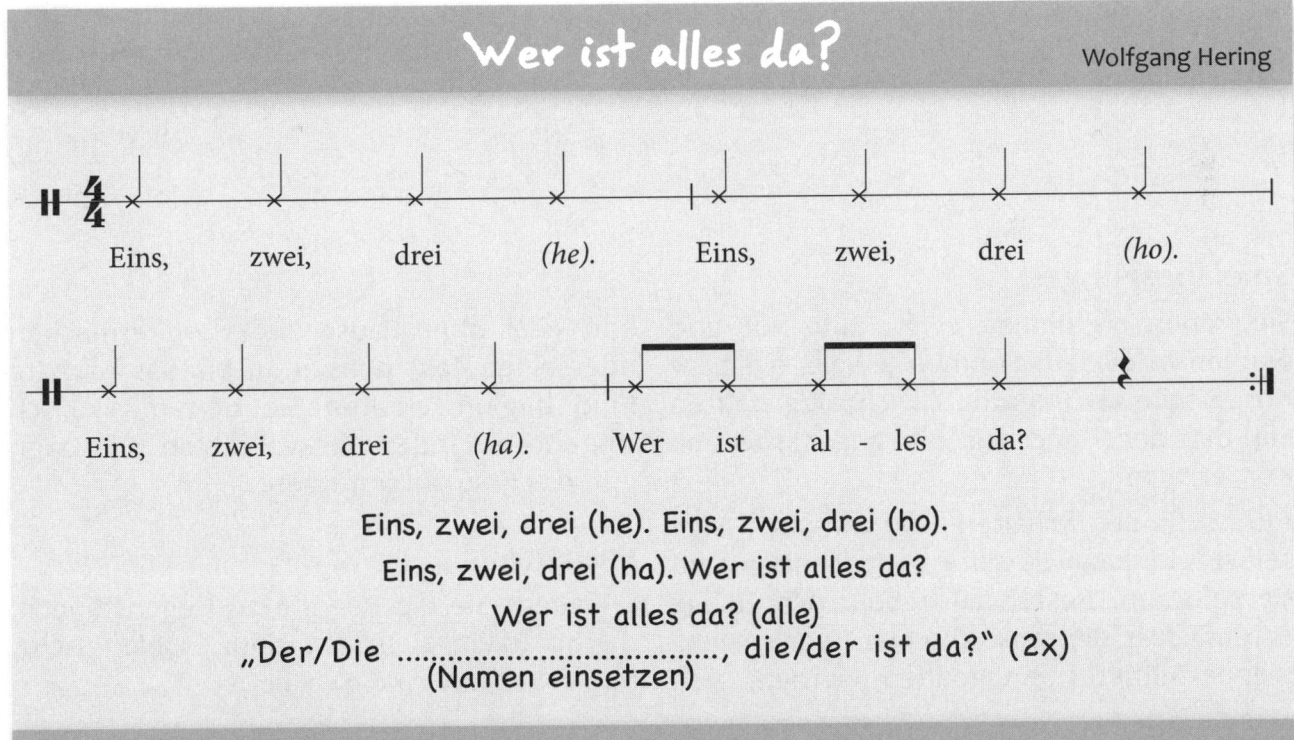

Wer ist alles da?
Wolfgang Hering

Eins, zwei, drei (he). Eins, zwei, drei (ho).
Eins, zwei, drei (ha). Wer ist alles da?
Wer ist alles da? (alle)
„Der/Die ...., die/der ist da?" (2x)
(Namen einsetzen)

Spieltipp:

Zu den Zahlen mit den Fingern mitzählen und dann bei „he" nach rechts, bei „ho" nach links und bei „ha" in der Mitte klatschen. In der letzten Zeile, die zweimal gesprochen wird, deuten alle mit dem Finger auf die entsprechende Person.

Kunterbunte Spaß- und Spielmusik mit Kindern

Das Körperteile-Echospiel
Wolfgang Hering

Einer: Na - se, Na - se, Mund, Mund.
Alle: Na - se, Na - se, Mund, Mund.

Spielleitung:
Nase, Nase, Mund, Mund.

Alle:
Nase, Nase, Mund, Mund.

Spielleitung:
Nase, Mund, Ohr, Stirn.

Alle:
Nase, Mund, Ohr, Stirn.

Spielleitung:
Ohr, Augen, Haare, Mund.

Alle:
Ohr, Augen, Haare, Mund.

Fuß, Knie, Bauch, Nase ...

Ellenbogen, Augen, Waden, Zeh'n ...

Spielanregungen

Sie geben als Einheit zwei Takte vor und nennen in diesem Rahmen jeweils ein paar Körperteile als Begriffe. Gleichzeitig deuten Sie mit der Hand auf die angesprochene Körperregion.

Ältere Kinder erhalten die Aufgabe, sich selbst ein paar Begriffe auszudenken und sie *solo* zum Besten zu geben. Achten Sie darauf, dass die musikalischen Regeln eines Vierviertaktes eingehalten werden, also entweder ohne Pause direkt weitermachen oder einen Takt pausieren, bis das nächste Kind beginnt. Helfen Sie den musikalisch Ungeübten, indem Sie vorzählen und dann ggf. das Solo unterstützen.

Variante

Erweitern Sie die Begriffe zu Gegenständen, die im Raum zu sehen sind: *Stühle, Tische, Decke, Boden, Hemd, Schuhe ...*

1. Einstiegsspiele

Eine kleine Spitzmaus
überliefert / Wolfgang Hering

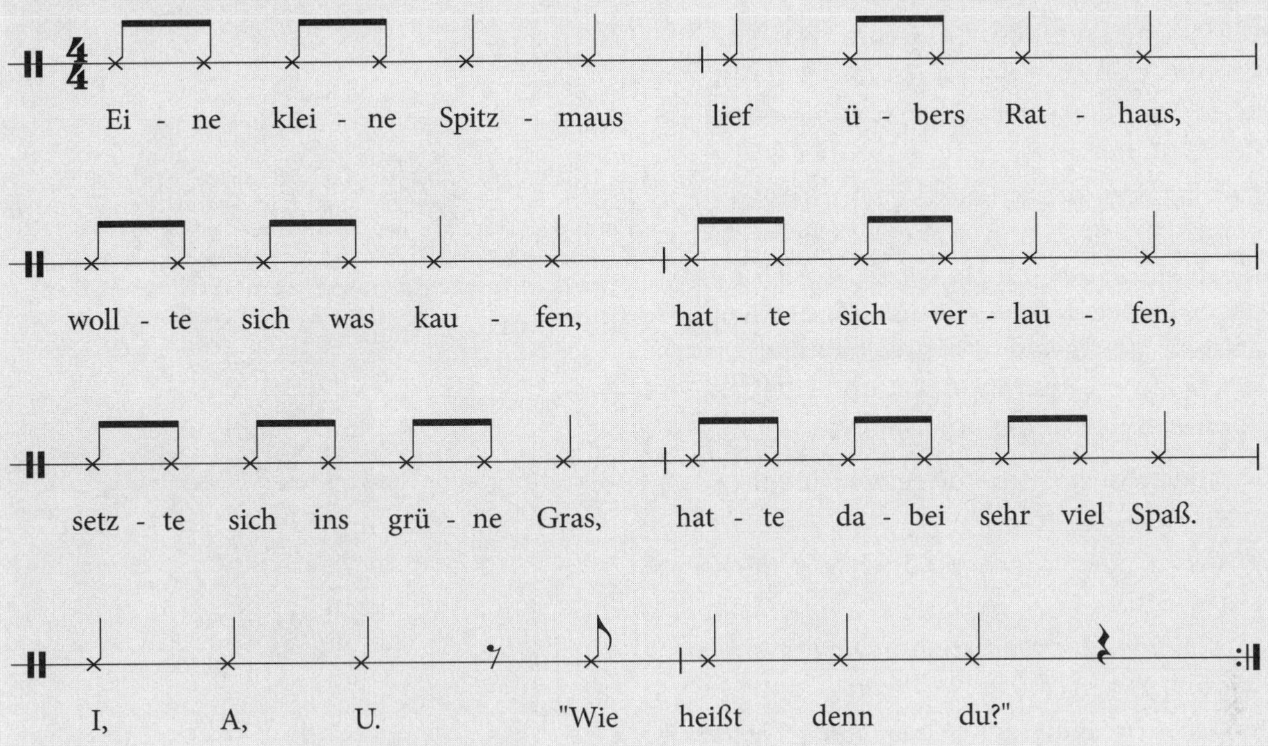

Ei - ne klei - ne Spitz - maus lief ü - bers Rat - haus,
woll - te sich was kau - fen, hat - te sich ver - lau - fen,
setz - te sich ins grü - ne Gras, hat - te da - bei sehr viel Spaß.
I, A, U. "Wie heißt denn du?"

Eine kleine Spitzmaus, lief übers Rathaus,
wollte sich was kaufen, hatte sich verlaufen,
setzte sich ins grüne Gras, hatte dabei sehr viel Spaß.
I, A, U. „Wie heißt denn du?"

Spielanregungen

Das Stück kann als Abzählspiel *im Kreis* gespielt werden. Ein Kind übernimmt das rhythmische Abzählen. Wer an die Reihe kommt und seinen Namen am Ende nennt, der scheidet aus. Sie können den Kindervers auch mit durchgehenden Klanggesten begleiten lassen, z. B. *abwechselnd patschen und klatschen*. Das Kind, das als Letztes übrig bleibt, zählt in der neuen Runde ab.

Kleine Stuhlgeschichten

Wolfgang Hering

Die Stühle werden im Raum verteilt. Die Gruppe geht zu einem Trommelschlag auf einer **Djembe** oder einer **Handtrommel** im Raum umher.

Sie machen in der Pause einen Bewegungsvorschlag, der dann während der nächsten Musikphase ausgeführt wird. Die Ausführung der Spielidee wird von jedem Kind individuell gelöst. Sie lassen die Spielhandlungen so lange laufen, bis Sie das Gefühl haben, es könnte etwas Neues kommen:

- Abwechselnd nur **mit einer Pobacke** auf einen Stuhl setzen.
- Verschiedene **andere Körperteile** berühren den Stuhl.
- Sich **wie alte Menschen bewegen** und sich dann mit viel Mühe hinsetzen.
- Alle verwandeln sich in **ungeduldig wartende Personen**.
- Die Stühle stehen durcheinander in Reichweite im Raum. Die Kinder müssen sich **von einem zum anderen Stuhl hangeln**.
- Die Gruppenmitglieder sollen **das Gesicht hinter einer Lehne verstecken** und sich dann im Takt kurz mit einer bestimmten **Mimik oder einer Grimasse** präsentieren. Dann verschwinden sie wieder und erfinden eine neue Mimik.

- **Alle klettern auf einen Stuhl** und stellen Denkmale dar.
- **Partnerspiel 1:**
  Immer zwei gehen – einen Stuhl unter dem Arm – aufeinander zu und nehmen Kontakt auf. Dabei „lernen sich die Stühle kennen" und berühren sich zaghaft.
- **Partnerspiel 2:**
  Zwei Personen stellen sich vorsichtig zusammen auf einen Stuhl. Sie nehmen sich an die Hand und balancieren ein **Standbild** aus.
- **Verschiedene Vorgaben** mit den Stühlen umsetzen: in Reihe nebeneinander, in Reihe hintereinander, im Kreis, im Viereck usw.

1. Einstiegsspiele

Guten Morgen, liebe Kinder

Text & Musik: Wolfgang Hering

© Copyright 2016 by Alfred Music Publishing GmbH

CD 01

1. Guten Morgen, liebe Kinder,
seid ihr alle wach.
Wir begrüßen den Tag
mit Getrampel und Krach
und winken in die Runde,
ein jeder kommt dran,
wir schütteln den Schlaf aus,
und fangen jetzt an.

2. Heute gibts viel zu sehen,
heute gibts viel zu hörn,
denn wir sind kleine Forscher,
und singen sehr gern.
Hier bei uns, all den Kindern
ist jeder ein Star.
Sagt nun euren Namen,
wer ist alles da?

3. Guten Morgen, liebe Kinder,
jetzt kommt der Applaus,
klatscht über den Köpfen,
das sieht super aus.
Die Hände in die Höhe,
so seid ihr ganz groß
und patscht auf die Beine,
nun gehts richtig los.

*Spieltipp

Barrégriffe wie F-Dur können durch Verwendung eines Kapodaster (Capo) vereinfacht werden.

Spielanregungen

Guten Morgen, liebe Kinder ist ein **Begrüßungslied im Dreiertakt**.

Die Spielaktionen wie *Trampeln, Winken, Klatschen* werden direkt von allen Kindern ausgeführt. Nach der zweiten Strophe können sich die Kinder mit ihrem Namen vorstellen. Am Ende patschen alle Kinder wie wild auf die Beine.

Musikalische Begleitung:

Sie benötigen für die Begleitung die drei Akkorde **C**, **F** und **G**, die mit den Stammtönen der C-Dur-Tonleiter gebildet werden können.

Jedes Kind bekommt einen **Klangbaustein**. Das Stück beginnt mit einem Auftakt. Dann kommen:

> **Drei Takte C-Dur,
> drei Takte G-Dur,
> zwei Takte C-Dur,
> zwei Takte F-Dur,
> vier Takte C-Dur,
> ein Takt G-Dur und
> ein Takt C-Dur.**

Diesen Ablauf der Akkorde üben Sie mit den Kindern mehrmals auf den **Klangstäben**.

Hier die Zusammensetzung der Akkorde:

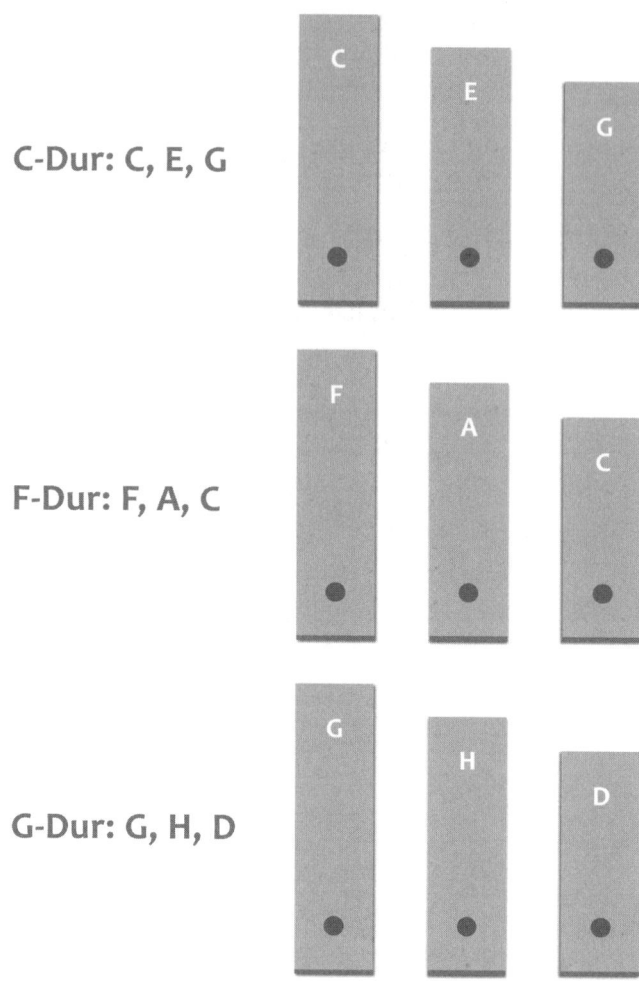

C-Dur: C, E, G

F-Dur: F, A, C

G-Dur: G, H, D

Methodischer Tipp:

Schreiben Sie jeden der drei Akkorde auf jeweils ein Blatt und halten Sie beim Akkordwechsel das entsprechende Akkordblatt hoch.

Zum Puls der Zeit

Das folgende Stück *Zum Puls der Zeit* kann mit einem Schlaginstrument Klanghölzer (Schlaghölzer) ausgeführt oder auch nur mit den Händen geklatscht werden.

Möglich ist auch ein Viererschritt als rhythmische Grundlage:

1. Schritt nach rechts,
2. linker Fuß nachziehen,
3. Schritt nach links,
4. rechts Fuß nachziehen.

Oder alle laufen durch den Raum und setzen die rhythmischen Spielideen um.

Wir gehen vom Plusschlag aus, den jeder zunächst erfühlt und dieses Tempo dann den anderen vorklatscht, die darauf einsteigen.

Zum Puls der Zeit

Wolfgang Hering

Gehen Sie von einem mittleren Tempo aus und führen Sie mehrere rhythmische Spielideen aus:

1. Der Puls hat Aussetzer, jeder vierte Schlag wird ausgelassen.

2. Sie klatschen 2 mal, dann kommt eine ebenso lange Pause, d. h. zwei Schläge fallen weg.

3. Ein Takt (vier Schläge) wird gleichmäßig geklatscht, dann kommt ein komplexerer Rhythmus, der im übernächsten Takt von allen wiederholt wird. Das Ablaufschema sieht dann so aus:

A B A B A C A C A D A D usw.

Sie geben diese Spielidee im Kreis herum, d. h. Teil A bleibt immer gleich, die neuen Abschnitte werden nach und nach in der Runde vorgestellt.

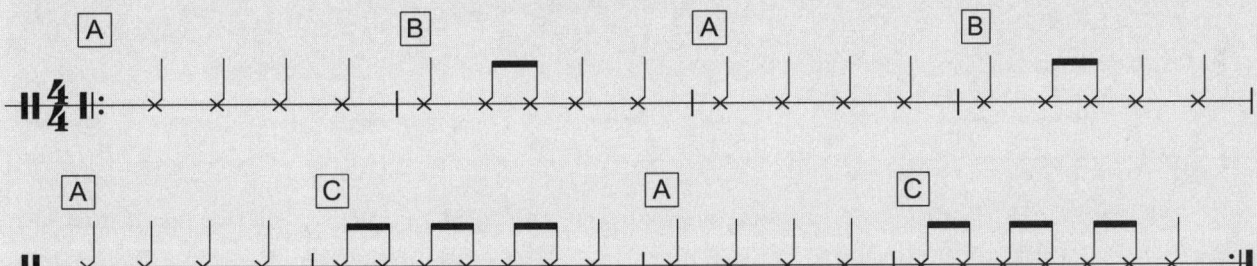

4. Alle Kinder gehen vier Schritte im Pulstempo, dann bleiben sie stehen und klatschen 4 mal.

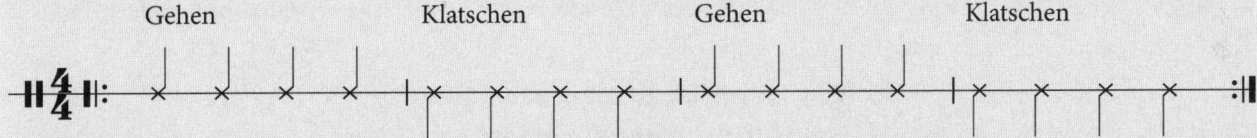

5. Alle gehen vier Schritte, bleiben stehen und gestalten einen Takt rhythmisch mit dem Körper (Klatschen, Patschen, Schnipsen). Das kann wiederum von allen wiederholt werden.

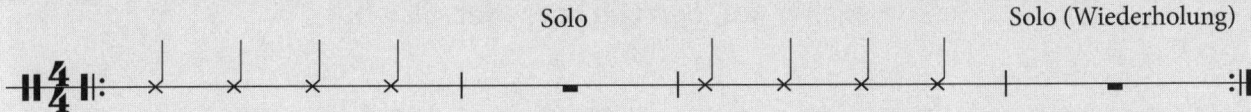

6. Alle gehen wieder einen Takt, gestalten aber den Zwischenabschnitt mit der Stimme.

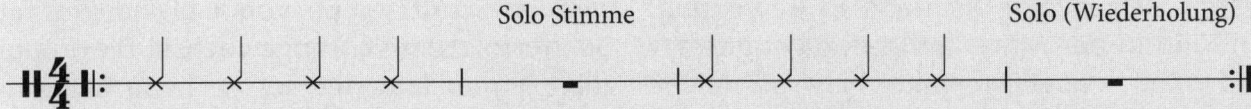

7. Alle gehen vier Schritte, dann kommen drei Klatscher, d. h. Dreier- und Vierertakt wechseln sich ab.

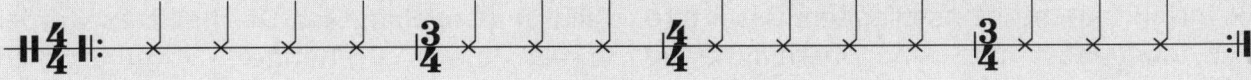

Kunterbunte Spaß- und Spielmusik mit Kindern

Zwei Elefanten
überliefert

Zwei Elefanten, **die** sich gut **kann**ten,
hatten vergessen, ihr **Früh**stück zu **es**sen.
Sagt der eine: „**Was** ich jetzt **brauch**,
ist (Speise einsetzen, z. B. Spaghetti) in **meinem Bauch**."
Sagt der andre: – „Ich **auch**!"

Sprechanregung und Spielvorschlag

Alle stehen *im Kreis* und halten sich an den Händen. Zum Text werden die Hände gleichmäßig rauf und runter bewegt und der Text dazu rhythmisch gesprochen.

Dann darf das Kind, das an der Reihe ist, sich eine Speise aussuchen. Die Wörter werden an der entsprechenden Stelle eingebaut, ggf. wird der Text verlängert.

Vor den letzten beiden Wörtern („*Ich auch*") wird eine kleine Pause gelassen, in der auch geklatscht werden kann.

Wir gehn im Kreis
Wolfgang Hering

Wir gehn im Kreis zu-sam-men, Hand in Hand her-um. Und wer jetzt an die Rei-he kommt, der dreht sich ein-fach um. E-ne, me-ne, mu, der Nächs-te, der bist du.

Wir **gehn** im **Kreis** zusammen
Hand in **Hand** herum.
Und **wer** jetzt **an** die **Reihe kommt**,
der **dreht** sich **einfach um**.
Ene, mene, mu, der **Nächs**te, **der** bist **du**.

Spielanregungen

Alle halten sich *im Kreis* an den Händen und setzen sich in eine Richtung in Bewegung. Ein Kind in der Mitte läuft entgegengesetzt und zählt dabei im Taktschlag ab (*siehe fettgedruckte Silben*). Das Kind, das dran kommt, dreht sich um 180 Grad nach außen und wird beim nächsten Durchgang nicht mehr mitgezählt. Nach und nach ändern also alle ihre Blickrichtung nach außen. Das letzte nach innen gewandte Kind übernimmt die Rolle des Zählenden für eine neue Runde.

Rhythmisches Gehen mit Richtungswechsel

Die Gruppe geht auf einer *Kreisbahn*. Dabei wird im Schritttempo von 1 bis 10 gezählt. Dann erfolgt ein Richtungswechsel. Die Gruppe zählt immer laut mit. In die neue Richtung werden aber nur neun Schritte gemacht. Nun kommt wieder ein Richtungswechsel. Dann werden nur acht Schritte ausgeführt usw., bis man am Ende mit nur einem Schritt in jede Richtung angelangt ist. Das heißt: Es werden immer mehr Drehungen vorgenommen. Danach zählen wir wieder langsam hinauf bis zu den zehn Schritten.

1. Einstiegsspiele

Kommt zur Tür rein

CD 02

Musik: überliefert
Text: Wolfgang Hering

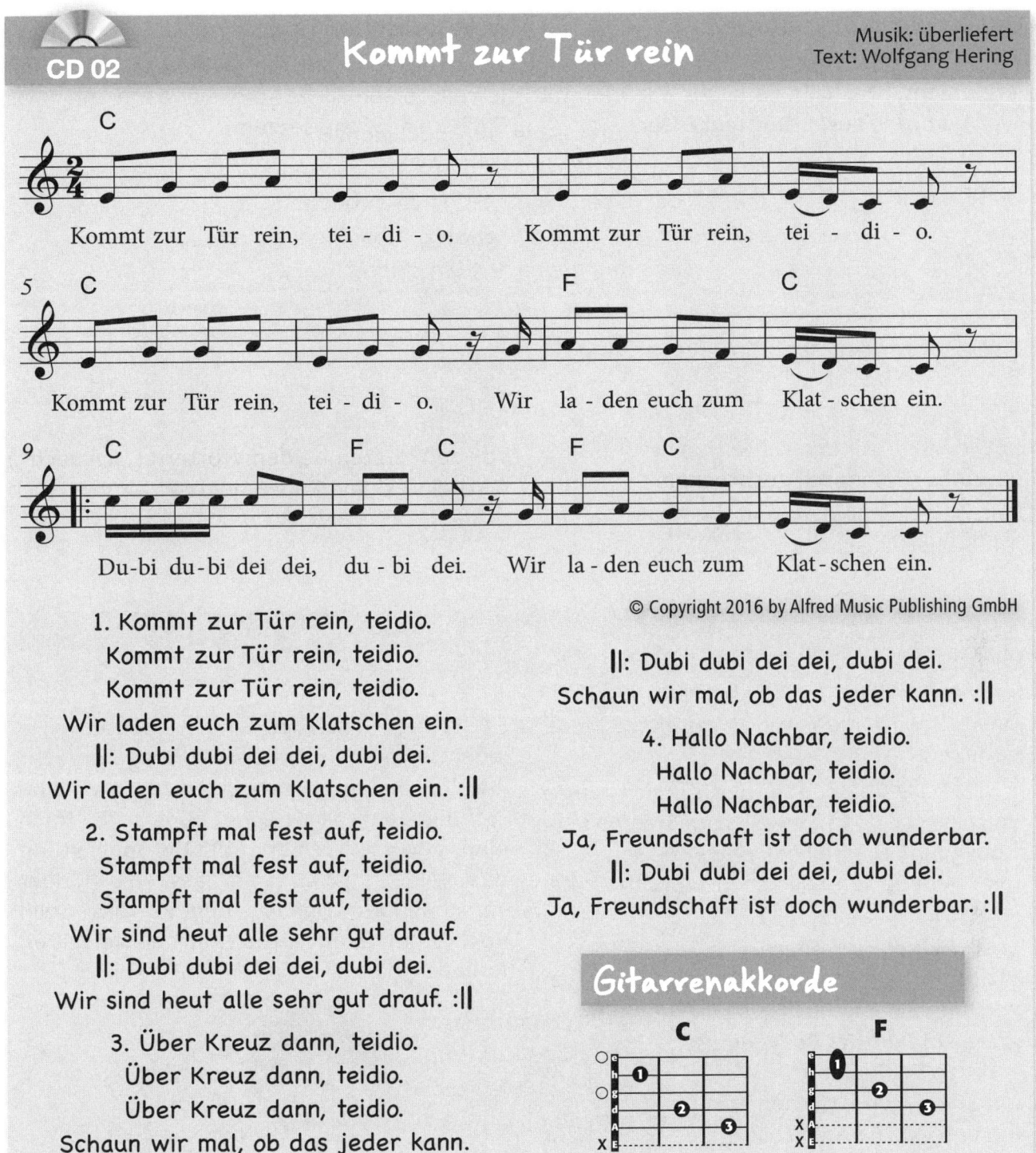

© Copyright 2016 by Alfred Music Publishing GmbH

1. Kommt zur Tür rein, teidio.
Kommt zur Tür rein, teidio.
Kommt zur Tür rein, teidio.
Wir laden euch zum Klatschen ein.
||: Dubi dubi dei dei, dubi dei.
Wir laden euch zum Klatschen ein. :||

2. Stampft mal fest auf, teidio.
Stampft mal fest auf, teidio.
Stampft mal fest auf, teidio.
Wir sind heut alle sehr gut drauf.
||: Dubi dubi dei dei, dubi dei.
Wir sind heut alle sehr gut drauf. :||

3. Über Kreuz dann, teidio.
Über Kreuz dann, teidio.
Über Kreuz dann, teidio.
Schaun wir mal, ob das jeder kann.
||: Dubi dubi dei dei, dubi dei.
Schaun wir mal, ob das jeder kann. :||

4. Hallo Nachbar, teidio.
Hallo Nachbar, teidio.
Hallo Nachbar, teidio.
Ja, Freundschaft ist doch wunderbar.
||: Dubi dubi dei dei, dubi dei.
Ja, Freundschaft ist doch wunderbar. :||

Gitarrenakkorde

Spielanregungen

Dieses Tanzlied basiert auf dem englischen Stück *Jingle at the windows*. Die Kinder stehen *im Kreis* und bilden mit ihren Armen *eine Tür*. Zwei Kinder werden ausgewählt und stehen *außerhalb des Kreises*. Die erste Strophe wird gesungen, und diese Kinder kommen zur Tür herein und führen zur nächsten Strophe die Spielvorgaben aus. Diese wählen die neuen Kinder für den nächsten Durchgang aus und reihen sich in den Kreis ein. Die nächste Strophe wird in Szene gesetzt.

Variante

Alle bewegen sich als Paare durch den Raum und führen die Spielanregungen aus. *Über Kreuz* können z. B. auch die Arme gegriffen werden und sich rhythmisch bewegen oder diagonal klatschen. Zur vierten Strophe *Hallo Nachbar* können die Kinder eigene Spielideen aufgreifen.

Kunterbunte Spaß- und Spielmusik mit Kindern

Musikalische Begleitung

Die Harmonien sind bei dem Stück etwas vereinfacht. Deshalb kommen Sie hier mit *zwei Akkorden* aus: **C-Dur und F-Dur**

Methodischer Tipp

Kennzeichnen Sie die beiden Akkorde mit jeweils einer *Farbe*, die Sie dann mit *zwei Tüchern* in Szene setzen.

C-Dur: C – E – G

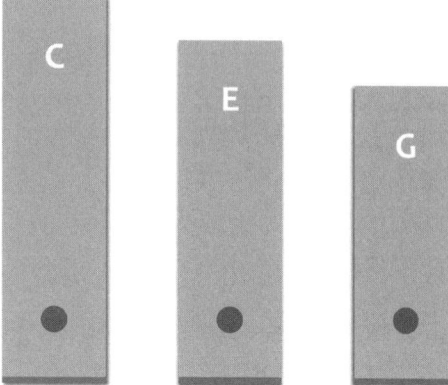

F-Dur: F – A – C

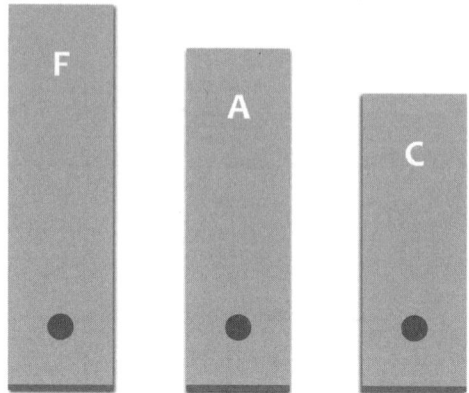

Star, Fan und Bodyguard

Das Stück ist mehr für *etwas ältere Kinder* gedacht.

1. Bilden Sie Gruppen zu jeweils drei Personen.
Verteilen Sie dann die Rollen für **Star**, **Fan** und **Bodyguard**. Die Rollen-Festlegung kann auch mit bebilderten Kärtchen vorgenommen werden.

2. Die Aufgabe des Fans:
Bleibe in Bewegung und versuche, so nah wie möglich an den Star heranzukommen.

3. Die Aufgabe des Bodyguards:
Schütze deinen Star, indem du dich zwischen ihn und den Fan schiebst.

4. Die Aufgabe des Stars:
Halte Abstand zum Fan.

In der Gruppe entsteht ein wildes Durcheinander, da jeder versucht, die für ihn beste Position zu finden. Da jedoch alle in Bewegung sind, ist es auch die beste Lösung, ständig in Bewegung zu bleiben.

Es ist sehr amüsant zu beobachten, wie jeder seinem eigenen Auftrag gerecht werden möchte, dabei jedoch auf eine ständig wechselnde Umgebung trifft. Nach einer gewissen Zeit beendet die Spielleitung das wilde Treiben und lässt die Kinder verschnaufen. Danach beginnt das Spiel noch einmal von vorne, mit neu verteilten Rollen.

Ich hab mir etwas ausgedacht

Wolfgang Hering

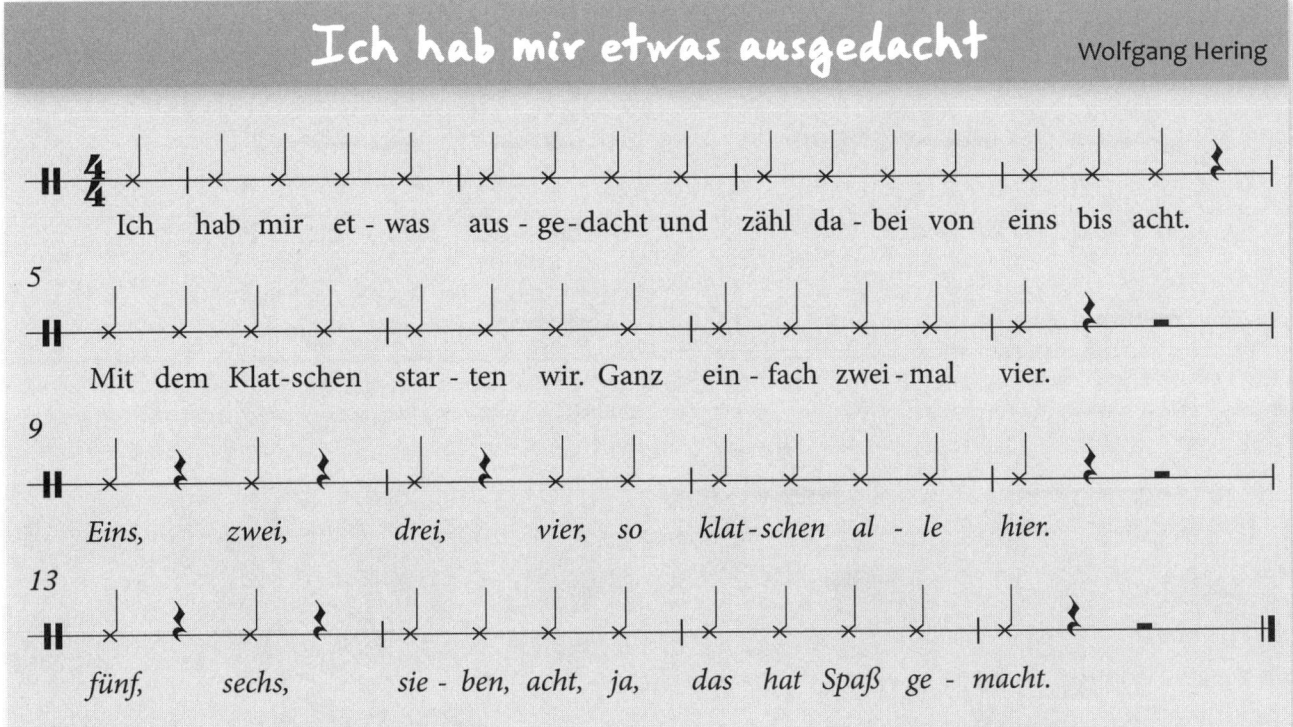

Ich **hab** mir etwas **aus**gedacht
und **zähl** dabei von **eins** bis **acht**.
Mit dem **Klatschen starten wir**.
Ganz **einfach zwei**mal **vier**.

Refrain:
Eins, zwei, drei, vier,
so **klatschen alle hier**,
fünf, sechs, sieben, acht,
ja, **das** hat Spaß **gemacht**.

Ihr **wacht** nun **auf**, das **ist** doch **klar**
und **klopft** auf euer **Haar**.

Eins, zwei, drei, vier,
so **klopfen alle hier**,
fünf, sechs, sieben, acht,
ja, **das** hat Spaß **gemacht**.

Ihr **werdet** alle **richtig warm**
und **patscht** auf euren **Arm**.

Eins, zwei, drei, vier,
so **patschen alle hier**,
fünf, sechs, sieben, acht,
ja, **das** hat Spaß **gemacht**.

Auch **das** Gesicht, das **kommt** nun **dran**,
tippt **auf** die Wangen **dann**.

Eins, zwei, drei, vier,
so **tippen alle hier**,
fünf, sechs, sieben, acht,
ja, **das** hat Spaß **gemacht**.

Auch **unsre Füße stampfen schön**,
vom **Fers** bis **zu** den **Zeh'n**.

Eins, zwei, drei, vier,
so **stampfen alle hier**,
fünf, sechs, sieben, acht,
ja, **das** hat Spaß **gemacht**.

Danach dann **reibt** ihr **kurz** mal **auch**
ganz **vorsichtig** den **Bauch**.

Eins, zwei, drei, vier,
so **reiben alle hier**,
fünf, sechs, sieben, acht,
ja, **das** hat Spaß **gemacht**.

Spielanregungen

Bei diesem rhythmischen Gedicht bleiben Sie jeweils im Taktgefüge. Sie beziehen den Text auf den Grundschlag im Rahmen eines 4/4-Taktes. Jeweils zwei Takte können auch als Echospiel wiederholt werden. Denken Sie sich andere Klanggesten und rhythmische Bewegungen aus, z. B. Schultern heben und senken, Knie wackeln, nur mit zwei Fingern klatschen.

Kunterbunte Spaß- und Spielmusik mit Kindern

Körperspiel

Wolfgang Hering

Hände, Hände, Po.
Hände, Hände, Po.
Hände, Po, Po, Po.
Hände, Po, Po, Po.
Hände, Hände Po.

Beine, Beine, Knie.
Beine, Beine, Knie.
Beine, Knie, Knie, Knie.
Beine, Knie, Knie, Knie.
Beine, Beine, Knie.

Arme, Arme, Bauch ...

Spieltipp:

Es werden Körperteile rhythmisch gesprochen. Jeweils zwei Begriffe kommen dran. Bei „Hände" kann geklatscht werden (oder sie werden in der Luft im Sprechrhythmus bewegt); bei „Po" wird leicht auf das Gesäß getippt. Auf Beinen und Knien kann gepatscht werden.

Kanon

Das Stück hat eine *fünfteilige* Form: **A – A – B – B – A**.

Das Stück kann also mit *fünf Gruppen* ausgeführt werden. Suchen Sie sich andere Körperteile jeweils mit einer sowie zwei Silben aus und wenden Sie das Kompositionsschema an.

2. Musikmachen mit Alltagsmaterialien
wie Luftballons, Nüssen, Töpfen, Deckeln und Steinen

Mit einfachen Gegenständen können interessante Geräusche produziert werden:

Mit *Töpfen*, *Deckeln* und *Löffeln* lässt sich leicht „Küchenmusik" erzeugen. Leere Joghurtbecher in verschiedenen Größen, gefüllt mit diversen Sachen oder Dosen mit einer gespannten Plastikhaut oder mit Karton ergänzt und es kann getrommelt werden; Zeitungen und Papiere zerknüllen und damit Geräusche zu Geschichten erfinden:

- Holzstäbe in verschiedenen Längen als Klanghölzer verwenden;
- alten Fahrradglocken und Weihnachtsglöckchen unterschiedliche Klänge entlocken;
- mit Nüssen, Kastanien, Eicheln, Mandeln klopfen und im Grundschlag passende Lieder begleiten;
- Windspiele aus hängenden Nägeln an einer Nylonschnur zaubern;
- Papprohre mit Reis füllen und als „Rainmaker" verwenden;
- auch andere Instrumente aus fernen Ländern sind für Kinder eine Bereicherung.

Manchmal suchen Kinder Sinnesanregungen, indem sie sehr leise oder sehr laute Musik spielen, Geräusche und Klänge vergleichen, ordnen und manipulieren:

- Musikinstrumente nach Farbe, Größe, Material oder Klangfarbe ordnen;
- das Musikinstrument während des Spielens auf den Beinen, Armen oder Händen balancieren;
- Schwingungen mit Händen, Lippen oder Zunge ertasten.

Packen Sie verschiedene Schlüssel aus und lassen Sie die Kinder beim folgenden Rasselspiel mitmachen.

Ein Schlüsselspiel
Wolfgang Hering

Ein Schlüssel liegt ganz einsam
im Schrank an einem Platz.
Man hat ihn wohl vergessen,
verlassen ist der Fratz.

Und eines Tags, da springt er
einfach ins Zimmer rein,
ein Schlüssel will auch leben,
allein sein ist gemein.

Er trifft den Autoschlüssel,
der hängt an einem Brett.
Jetzt sind sie schon ein Pärchen,
das ist doch wirklich nett.

Da kommt ein kleiner Schlüssel,
ach, nehmt mich bitte mit.
Ich öffne hier den Briefkasten,
jetzt sind sie schon zu dritt.

Ein Fahrradschlüssel springt dann
von draußen einfach her.
Sie hüpfen auf die Straßen,
und sind gleich im Verkehr.

Sie gehn auf große Reise
und haben sich getraut,
ziehn über Zebrastreifen,
und klimbern dabei laut.

In einem Schlüsselladen
da sind sie hochgeehrt.
Sie klimpern mit den andern
ein Schlüsselklangkonzert.

Kunterbunte Spaß- und Spielmusik mit Kindern

Hervorragend eignen sich Alltagssituationen für ein selbstproduziertes *Klangkonzert*.

Mick mack mulinak
überliefert

Sprechen Sie den folgenden Vers und lassen Sie die Kinder mit jeweils zwei Nüssen mitklopfen.

Mick mack mulinak.
Mick mack knack.
Mick mack mulinak.
Klick, klack klack.
Tack, tack, tack, tack,
Nüsse aus dem Sack.
Nussknacker her,
der Sack, der ist bald leer.

Familie Frosch
Wolfgang Hering

Dies ist die Geschichte der **Familie Frosch**, deren Familienmitglieder mit **je einem Guiro** dargestellt werden:

Papa Frosch: 4 mal Ratschen,
Mama Frosch: 3 mal Ratschen,
Bruder Frosch: 1 mal lang, 1 mal kurz **Ratschen** und
Schwester Frosch: 1 mal kurz, 1 mal lang **Ratschen** sowie
das kleine Froschbaby: 1 mal kurzes **Ratschen**.

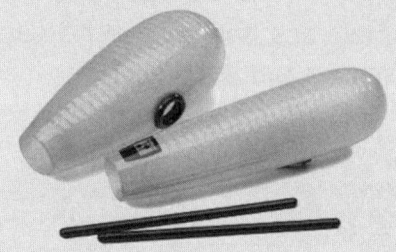

Es ist Sommer und sehr heiß – sehr, sehr heiß.
Papa Frosch hüpft *hopp, hopp, hopp* zum Wasser und setzt sich auf ein Blatt im Teich.
Auch **Mama Frosch** ist es heiß – sehr, sehr heiß.
Papa Frosch ruft von seinem, großen, grünen Blatt zu **Mama Frosch**: *„Komm her auf den See auf mein Blatt!"*
Mama Frosch hüpft *hopp, hopp, hopp* zum Wasser und setzt sich ebenfalls auf das grüne Blatt im Teich.
Auch dem **Bruder Frosch** ist es heiß – sehr, sehr heiß. So ruft **Mama Frosch** ihm zu: *„Mein Kleiner, komm doch bitte her!"*
Bruder Frosch hüpft *hopp, hopp, hopp* und setzt sich ebenfalls auf das Blatt im Teich.
Auch der **Schwester Frosch** ist es heiß – sehr, sehr heiß. Also ruft **Bruder Frosch**: *„Schwesterlein, komm auch du her!"*
Schwester Frosch hüpft *hopp, hopp, hopp* zum Wasser und setzt sich auf das Blatt im Teich.
Auch dem **Baby Frosch** ist es heiß – sehr, sehr heiß. So ruft **Schwester Frosch** auch ihm zu: *„Komm her auf unser Blatt!"*
Baby Frosch hüpft *hopp, hopp, hopp* zum See und will auf das grüne Blatt springen. Er schafft es aber gerade nur bis zum Rand des Blattes. Als der kleine Frosch sich festhalten will, fallen alle zusammen ins Wasser: *Plitsch, platsch, platsch.*
Was ein Geplansche! (alle Ratschen)

2. Musikmachen mit Alltagsmaterialien

Spieltipp

Empfehlenswert wäre, Sie hätten für diese Klanggeschichte mehrere, entsprechende **Guiros** zur Verfügung. Es geht aber auch mit anderen Rhythmusinstrumenten (z.B. *Rasseln*, *Cabasa*, *Cabaça* oder ein *Klangfrosch aus Holz* oder auch *Küchengeräte*), eben alle Geräte, die ein ratschendes Geräusch produzieren. Probieren Sie beim Erzählen der Frosch-Klanggeschichte die Mitglieder der Familie auch stimmlich darzustellen.

Topfmusik
Text & Musik: Wolfgang Hering

‖: Kinder, wir machen Topfmusik,
richtig laut, so richtig Topfmusik. :‖
Ihr macht klopf, klopf, klopf
auf den Topf, Topf, Topf,
nochmals klopf, klopf, klopf
auf den Topf, Topf, Topf, Topf, Topf.
Kinder, wir machen Topfmusik,
richtig laut, so richtig Topfmusik.
Kinder, wir machen Topfmusik,
jetzt mal leise, richtig Topfmusik ...

‖: Kinder, wir machen Löffelmusik,
richtig laut, so richtig Löffelmusik. :‖
Ihr macht dipp, dipp, dipp,
die Löffel klipp, klipp, klipp,
nochmals dipp, dipp, dipp,
die Löffel klipp, klipp, klipp, klipp, klipp, klipp.
Kinder, wir machen Löffelmusik,
richtig laut, so richtig Löffelmusik.

‖: Kinder, wir machen Deckelmusik,
richtig laut, so richtig Deckelmusik. :‖
Ihr macht blink, blink, blink,
die Deckel klink, klink, klink,
nochmals blink, blink, blink,
die Deckel klink, klink, klink, klink, klink, klink.
Kinder, wir machen Deckelmusik,
richtig laut, so richtig Deckelmusik.

Kinder, jetzt kommt die Küchenmusik,
alle zusammen, die Küchenmusik ...

Schluss:
‖: Kinder, das war die Küchenmusik,
alle zusammen, die Küchenmusik. :‖

© Copyright beim Autor

Kunterbunte Spaß- und Spielmusik mit Kindern

Spielanregung

Alle Kinder bekommen ein Küchengerät:
- **Topf oder Deckel** (jeweils mit einem Kochlöffel),
- **Zwei Löffel**, die gegeneinander geschlagen werden können.

Das Lied wird interpretiert:
Zuerst spielen alle laut, dann leise.
In der 2. *Strophe* kommen nur die Löffel zum Einsatz. In der 3. *Strophe* sind die Deckel dran.
Am Ende spielen alle gemeinsam eine Küchenmusik.

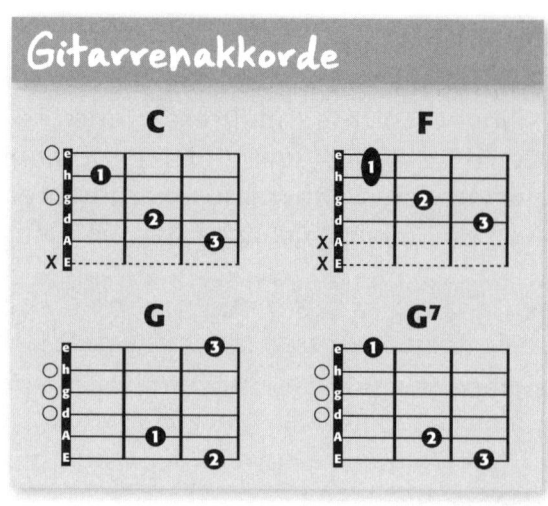

Flussüberquerung

Wolfgang Hering

Im Fluss, da liegen Steine,
wir wolln ihn überquern
und machen große Schritte,
das Ufer ist noch fern.

Wir treten auf die Steine
nur jeweils einmal drauf,
vermeiden so das Wasser
und passen sehr gut auf.

Der nächste Fels ist winzig,
ein Fuß passt auf den Stein.
Ganz vorsichtig so stehn wir,
dort kurz auf einem Bein.

Der nächste Schritt ist schwierig,
den wir gleich ausprobiern.
Wir nutzen unsre Arme,
um gut zu balancieren.

Jetzt kommt ein großer Abstand,
zum nächsten Landeort.
Wir machen einen Luftsprung
und landen sicher dort.

Und auch die letzten Steine,
gehen wir mit letzter Kraft
und dann am andern Ufer,
sind wir erstmal geschafft.

Spielanregung

Im Raum sind Zeitungsblätter als kleine Inseln (Steine) verteilt. Das Gedicht wird gesprochen. Jedes Kind versucht angelehnt an den Text des Spielgedichtes nur auf den Steinen den Fluss zu überqueren.

2. Musikmachen mit Alltagsmaterialien

Luftballonspiele

Luftballons sind ein einfaches Spielmittel und gut mit musikalischen Ideen zu kombinieren. Dem Spiel mit Luftballons kommt m. E. eine besondere Bedeutung in der Arbeit mit Kindergruppen zu. Das Material ist preiswert zu haben. Und wir brauchen nur etwas Platz zum Bewegen und ein paar – am besten vorher schon aufgeblasene – mittelgroße Luftballons.

Die Kinder verteilen sich mit einem Luftballon im Raum. Verwenden Sie zusätzlich ein paar lang klingende Instrumente wie **Glockenspiel**, **Triangel** oder **Klangspiele**.

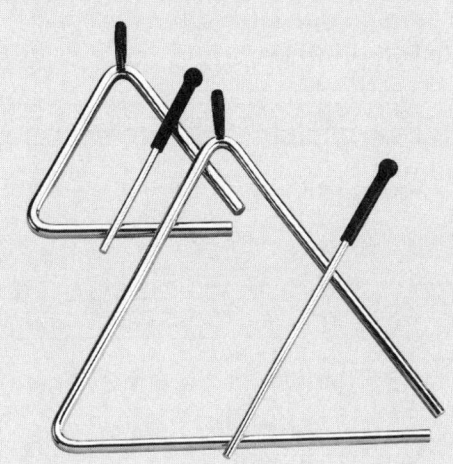

Folgende Spielideen können umgesetzt werden:

1. Spaziergang mit Luftballons
Es werden die Luftballons auf verschiedene Arten herumgetragen, z. B. zwischen den Knien halten und vorwärts bewegen, zwischen den Knöcheln und Füßen transportieren, unter dem Arm oder auf dem Kopf halten.

2. Verwandlung in Luftballons
Die Kinder stellen selbst Luftballons dar. Das Teil liegt erst schlapp am Boden und wird dann nach und nach immer mehr aufgeblasen. Schließlich schweben die Kinder als Luftballons durch die Lüfte.

3. Die Gruppe als Luftballon
Die ganze Gruppe verkörpert einen großen Luftballon. Alle hocken zunächst auf dem Boden und blasen sich nach und nach auf, bis der Luftballon am Ende zerplatzt.

Weitere Ideen:
- Die Luftballons werden bei einem Partnerspiel zwischen zwei Köpfen eingeklemmt und das Paar versucht, durch den Raum zu gehen.
- Mit geschlossenen Augen die Luftballons hochwerfen und dann wieder versuchen aufzufangen.
- Ballons auf verschiedenen Körperteilen balancieren.
- Jeweils nur die roten, blauen oder grünen Luftballons werden hochgeworfen, bzw. tauschen ihre Plätze.
- Luftballons im großen Fallschirmtuch: Kinder und Erwachsene schleudern die Luftballons nach oben.

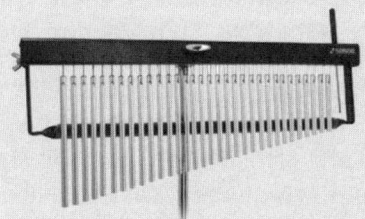

Mein Luftballon

Text & Musik: Wolfgang Hering

1. Mein Luftballon, mein Luftballon,
der macht sich mir bekannt.
Er wackelt zur Begrüßung sanft.
Ich nehm ihn in die Hand
und wiege ihn in meinem Arm.
Ich drück ihn leicht sogar.
So tanzen wir und drehn uns hier,
grad wie ein Liebespaar.

Refrain
||: Luftballon tanz, wie's dir gefällt.
Spring und freu dich an der Welt. :||

2. Er wandert jetzt zur Seite hin,
hält inne, kann sich freun.
Er ruht sich aus auf meiner Hand
und friert dort kurz mal ein.
Dann hopst er wie beim Ping-Pong wild,
von Hand zu Hand umher
und steigt dann immer höher auf,
ja, das gefällt ihm sehr.

Refrain

3. Die Füße klemmen ihn jetzt ein,
dort klebt er mittendrin.
So hüpft er durch die Gegend rum
mit sehr viel Lustgewinn.
Er schleicht sich nun am Körper hoch
und landet auf dem Kopf.
Und alle tragen ihn grad so
wie einen Blumentopf.

Refrain

4. Mein Luftballon, der fliegt noch mal
umher von Arm zu Arm.
Wir sausen übers Land zu zweit
und allen wird ganz warm.
Dann machen wir auch wieder „Stopp",
es kommt einmal der Schluss.
Wir geben unserm Luftballon
am Ende einen Kuss.

© Copyright 2016 by Alfred Music Publishing GmbH

Spielanregung

Jedes Kind hat einen eigenen Luftballon und versucht, die Vorschläge aus dem Text umzusetzen. *Aufgepasst:* Das Stück hat einen 6/8-Takt, dadurch wird der erste und vierte Achtelschlag in einem Takt betont. Klatschen Sie mit den Kindern erst einmal den 6/8-Takt und sprechen Sie dazu den Text.

Liedbegleitung

Die beiden Akkorde **F-Dur** und **C-Dur** setzen sich aus folgenden Tönen zusammen:

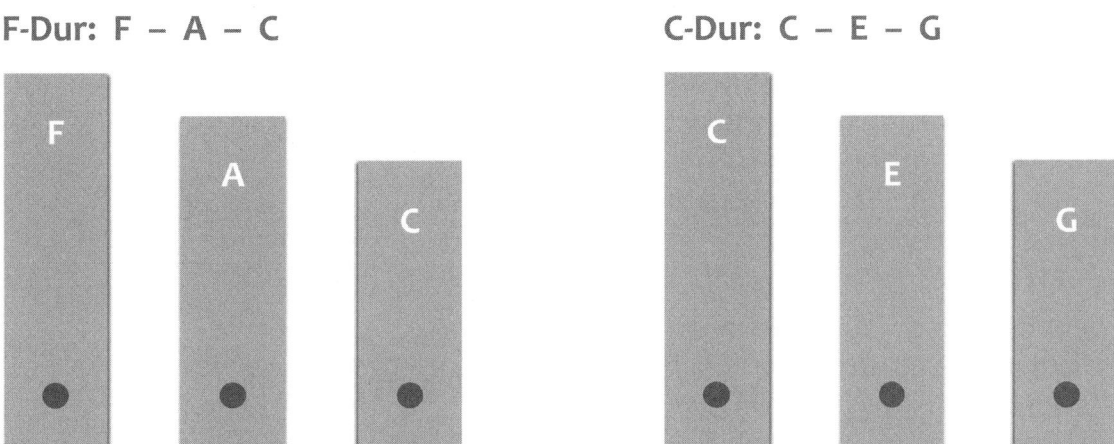

Der Akkord **B-Dur** benötigt die drei Töne: **B, D** und **F**:

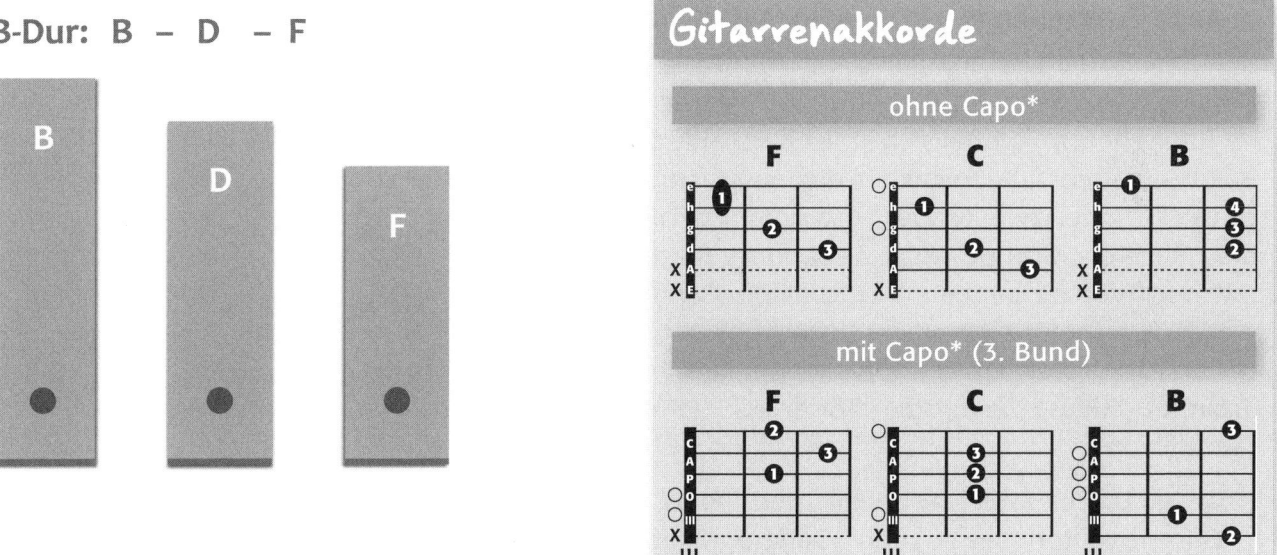

*Spieltipp:

Im deutschen Spachraum entspricht der Ton B der internationalen Bezeichnung Bb. Der Buchstabe H wird im deutschen Sprachraum anstelle des international üblichen B verwendet.

Barréakkorde wie F-Dur sind auf der Gitarre nicht jedermanns Sache. Unter Zuhilfenahme eines Kapodasters (Capo) kann man einfacher zu greifende Akkorde verwenden. Bei diesem Lied bietet sich der Capo im 3. Bund an. Der Griff für F-Dur wird dann durch den D-Dur Griff ersetzt, der C-Dur Griff durch A-Dur und der B-Dur Griff durch G-Dur.

Weitere Luftballonspiele

Zu Beginn erhält jedes Kind einen Luftballon (am besten vorher eine entsprechende Anzahl aufblasen und zuknoten). Dann malt jedes Kind mit Filzstift ein Symbol oder eine Figur darauf.

Alle Luftballons werden in die Mitte geworfen, und die Gruppe erhält zunächst eine Bewegungsaufgabe:

„Während des nächsten Musiktitels versucht ihr, die Ballons gemeinsam in der Luft zu halten. Dabei dürfen sie aber nur leicht angetippt werden!"

Oder:

Jedes Kind befördert einen der Ballons auf Kommando auf unterschiedlichste Art durch den Raum, z. B. auf einem Finger, mit dem Kopf antippen, auf der Nasenspitze, mit einem Fuß, mit dem Knie, mit den Schultern.

Dieser Luftballontanz lockert die Gruppe auf und macht alle Körperteile lebendig.

Jeweils zwei Luftballons werden mit dem gleichen Symbol bemalt.

Danach schweben die Luftballons noch einmal im Raum herum, wobei sich jedes Kind einen Ballon aussucht, aber nicht den eigenen. Dann tun sich immer zwei Kinder zusammen; d. h. die Hälfte der Gruppe sucht das andere Kind mit dem vorher bemalten Luftballon. Dann werden gemeinsam Partnerspiele ausgeführt. Unterstützt werden die Spielideen durch **Triangel, Klangspiele** oder Töne auf dem **Metallofon**.

1. **Zwei Luftballons wechseln den Platz.** Dabei sollten diese den Boden nicht berühren.
2. **Ein Luftballon wird beim Vorwärtsgehen hin und her bewegt.**
3. **Vorgaben:**
   „Ihr nehmt euch als Paar an der Hand. Mit jeweils der anderen Hand tippt ihr euch den Luftballon gegenseitig zu".
4. **„Denkt euch als Partner eigene Spielideen mit den Luftballons aus."**

2. Musikmachen mit Alltagsmaterialien

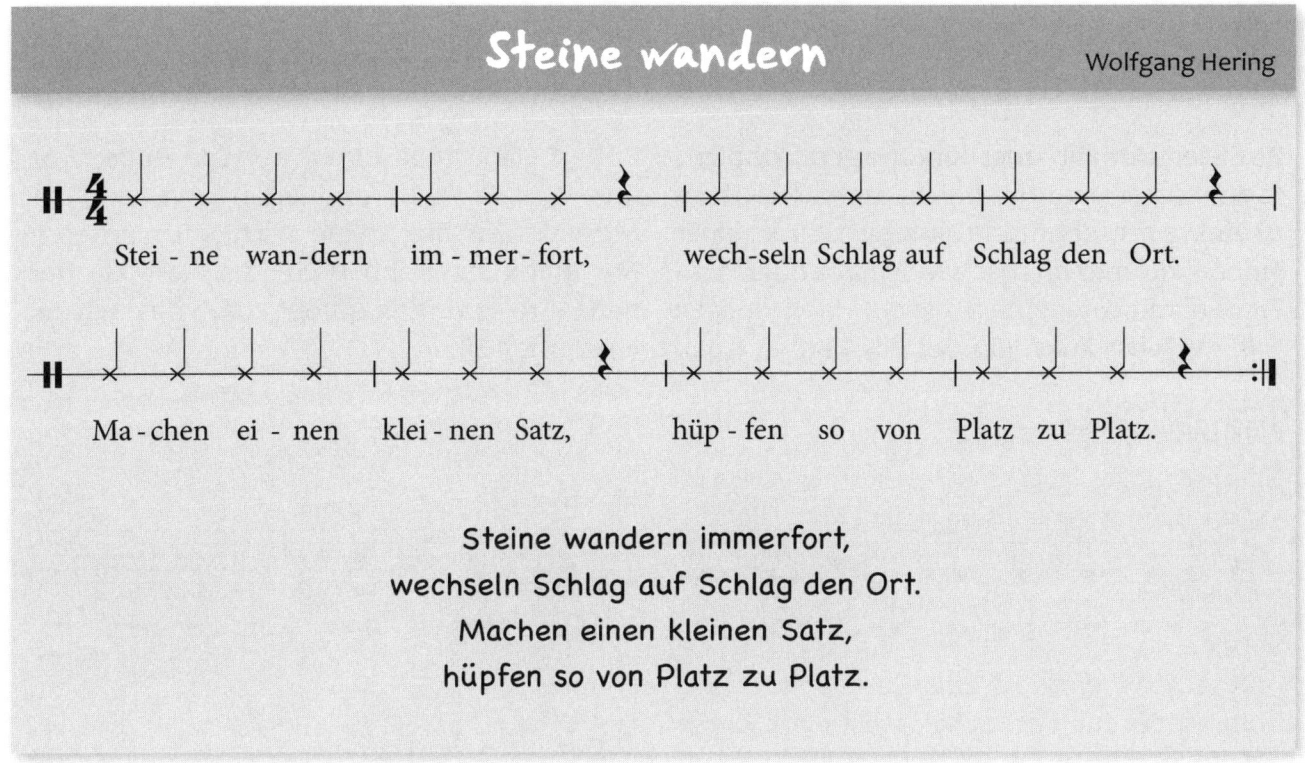

Spielanregungen

Alle sitzen *im Kreis* auf dem Fußboden. Jedes Kind hat einen *Stein in der rechten Hand*.

Die *linke Hand* beginnt. Sie beschreibt einen hohen Bogen, greift den Stein in der rechten Hand, schwingt zurück und gibt ihn an den linken Nachbarn in dessen rechte Hand weiter.

Gleichzeitig empfängt die rechte Hand einen Stein vom rechten Nachbarn. Sofort geht die linke Hand wieder im gleichen Bogen zurück und greift den nächsten Stein in der rechten Hand auf. Hier kommt es darauf an, dass alle Beteiligten alle Gesten ganz gleichmäßig ausführen, so dass eine fortlaufende rhythmische Bewegung entsteht.

Wer möchte, kann das Spiel langsam einüben:
- Erst den Text sprechen.
- Nun die Bewegung dazu probieren.
- Erst jetzt alles zusammen machen.
- Langsam das Tempo steigern und dann den Vers im flotten Tempo umsetzen.

Variante 1

Nur einen Stein im Taktschlag des gesprochenen Stückes weitergeben. Das Kind, das am Ende des ersten Durchlaufs den Stein in der Hand hält, darf sich einen weiteren Stein aussuchen und das Spiel mit zwei Steinen von vorne beginnen. In der folgenden Runde sind es dann drei Steine usw.

Variante 2

Alle Kinder sitzen auf den Fersen im Kreis. Vor dem rechten Knie liegt ein Stein. Zum Vers wird folgende Bewegungsabfolge ausgeführt:

1. Auf die Knie patschen.
2. In die Hände klatschen.
3. Wieder patschen.
4. Wieder klatschen.
5. Stein mit der rechten Hand aufnehmen
6. und vor dem linken Knie ablegen.
7. Stein mit der linken Hand aufnehmen
8. und vor dem rechten Knie des linken Nachbars ablegen.

Die Nummerierung entspricht dem Taktmetrum, d. h. bei vier Takten erfolgen zweimal die oben beschriebenen Bewegungen.

Kunterbunte Spaß- und Spielmusik mit Kindern

Steine im Kreis

Melodie: Wer will fleißige Handwerker sehn

Mit Steinen kann man hervorragend klopfen. Wenn sie klein sind, lassen sie sich gut im Kreis weitergeben. Die Gruppe sitzt in einer Runde zusammen, nach Möglichkeit auf den Fersen. Mit einem Stein in jeder Hand klopfen wir zunächst links von uns 2 x kurz auf den Boden, danach 2x direkt auf den Boden vor uns, schließlich 2 x und legen zum Ende der Musikphrase die Steine rechts für unseren Nachbarn ab. Dann wird (als Auftakt) der neue Stein aufgenommen und das Ganze, wiederholt sich.

Dazu singen wir:

Wer will wandernde Steine sehn,
der muss zu uns Kinder gehn,
Stein für Stein, Stein für Stein,
so gehts voran hier im Verein.

Es braucht sicher einige Zeit bis alle Steine synchron im Kreis herumwandern.

Gitarrenakkorde

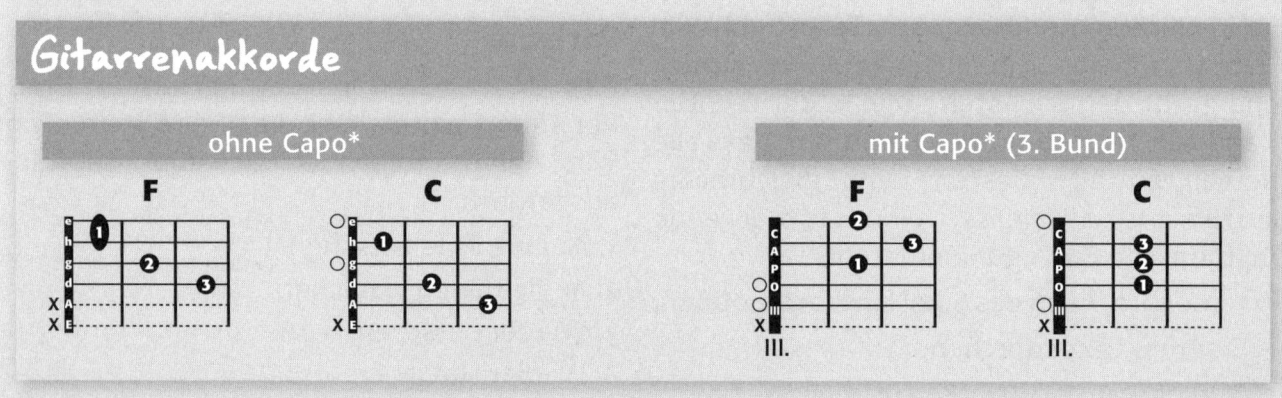

*Hinweis für GitarrenspielerInnen

Barréakkorde wie F-Dur sind auf der Gitarre nicht jedermanns Sache. Unter Zuhilfenahme eines Kapodasters (Capo) kann man einfacher zu greifende Akkorde verwenden. Bei diesem Lied bietet sich der Capo im 3. Bund an. Der Griff für F-Dur wird dann durch den D-Dur Griff ersetzt und der C-Dur Griff durch A-Dur.

2. Musikmachen mit Alltagsmaterialien

Kruscholino, der Papierwurm

Kruscholino, der Papierwurm

Text & Musik: Wolfgang Hering

© Copyright 2016 by Alfred Music Publishing GmbH

1. Kruscholino ist ein Wurm,
der mag Papier und Pappe gern.
Kriecht er durch ein dickes Buch,
kann er sehr viel davon verzehrn.
Liegt mal eine Zeitung rum,
dann wühlt er sich hinein,
frisst den Stapel ganz allein.
Ja, das schmeckt lecker fein.

Refrain
Mister Knister Kruscholino,
ist ein liebenswertes Tier.
Doch hat Hunger ohne Ende,
futtert alles aus Papier, aus Papier,
futtert alles aus Papier, aus Papier.

2. Altpapier, das mag er auch,
ja alles frisst er, das und dies,
fährt er mit der Müllabfuhr,
ist das so wie im Paradies.
Und er zaubert mit Papier,
ein Ball kommt da hervor.
Mit dem spielt er vor der Tür
und schießt ein tolles Tor.

Refrain
Mister Knister Kruscholino,
ist ein liebenswertes Tier.
Doch hat Hunger ohne Ende,
futtert alles aus Papier, aus Papier,
futtert alles aus Papier, aus Papier.

3. Briefpapier, das mag er auch,
am allerliebsten mit Gedicht.
Erst, da liest er, und dann frisst er.
Anstand hat der Lümmel nicht.
Gräbt er sich mal durch Karton,
ganz schwer wird das verdaut.
Wenn er dann ganz kräftig kaut,
schmatzt unser Wurm ganz laut.

Refrain
Mister Knister Kruscholino,
ist ein liebenswertes Tier.
Doch hat Hunger ohne Ende,
futtert alles aus Papier, aus Papier,
futtert alles aus Papier, aus Papier.

4. Einen Flieger aus Papier,
den haben wir für ihn gebaut.
Und da fliegt er durch die Luft,
ist jetzt dem Himmel anvertraut.
Kruscholino, unser Wurm,
wir wünschen dir viel Glück.
Findest ganz bestimmt Papier
und kommst auch mal zurück.

Refrain
Mister Knister Kruscholino,
ist ein liebenswertes Tier.
Doch hat Hunger ohne Ende,
futtert alles aus Papier, aus Papier,
futtert alles aus Papier, aus Papier.

Gitarrenakkorde

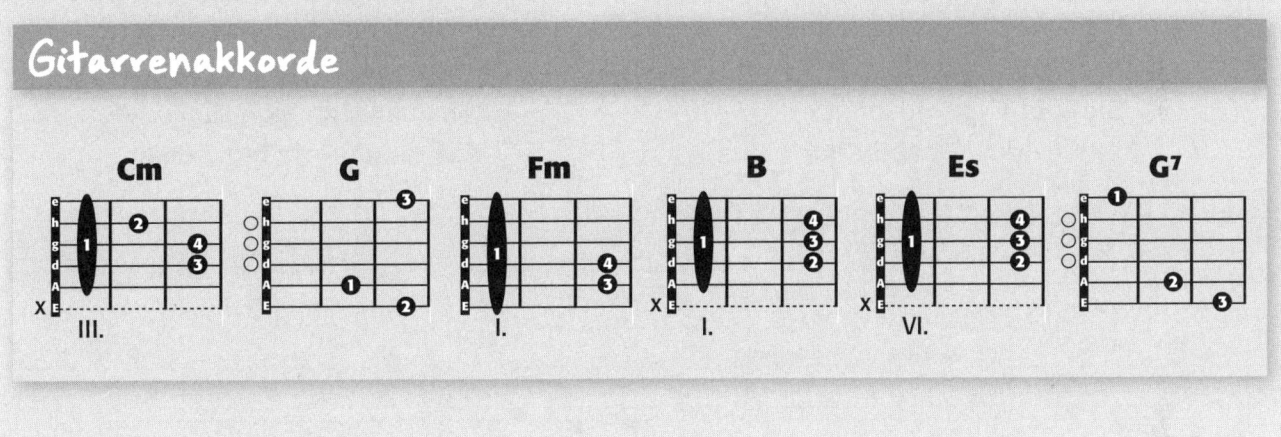

Cm — G — Fm — B — Es — G⁷

Spielanregungen

Die Kinder können das Lied mit einem zusammengeknüllten Papier begleiten; es kann knistern und rascheln.

Im Refrain wird das Papier rhythmisch auf den Boden geschlagen. Oder lassen Sie die Geschichte von den Kindern malen. Wie könnte Kruscholino aussehen?

Mein Tipp:

Lassen Sie den Titel von der Begleit-CD abspielen und begleiten Sie das Stück mit entsprechendem Papier.

Das Nussgedicht

Wolfgang Hering

Es war einmal ganz einsam
eine kleine Nuss.
Sie lag da auf dem Boden
schon lange mit Verdruss.
Und eines Tags, da packte
sie eine kleine Hand,
die nahm sie mit nach oben,
so sah sie übers Land.
Die Nuss fing an zu kreisen
und dann auch andersrum.
Dann hielt sie wieder inne,
lag in der Luft ganz stumm.
Und plötzlich da entdeckte
sie eine zweite Nuss.
Das war die große Liebe,
es kam auch gleich zum Kuss.
Sie klopften aneinander
mit einem kurzen Klick.

Das klang gut in den Ohren,
das war ein großes Glück.
Sie hämmerten zusammen
wie eine Uhr so tickt
und steigerten das Tempo,
und beide warn entzückt.
Sie rieben sich zusammen
als Nussvariation,
die Seiten aneinander,
das war ein andrer Ton.
Das Reiben wurde schneller.
Es ging jetzt ab, ganz grell.
Sie ratschten eine Weile,
und knirschten richtig schnell.
Sie klopften nochmal kräftig,
so wie es jeder mag.
Dann trennten sich die beiden
mit einem letzten Schlag.

Das Nussorchester

CD 06

Text & Musik: Wolfgang Hering

Un-ser Nuss-baum steht schon im-mer dort im Gar-ten wie ein Turm. Auf dem Bo-den lie-gen Nüs-se. Ges-tern war ein gro-ßer Sturm. Je-der nimmt sich ei-ne Nuss mal, wirft sie hoch, nicht all-zu sehr. Fängt sie mit der an-dern Hand auf, und so fliegt sie hin und her und so fliegt sie hin und her.

2. Musikmachen mit Alltagsmaterialien

1. Unser Nussbaum steht schon immer
dort im Garten wie ein Turm.
Auf dem Boden liegen Nüsse.
Gestern war ein großer Sturm.
Jeder nimmt sich eine Nuss mal,
wirft sie hoch, nicht allzu sehr.
Fängt sie mit der andern Hand auf,
und so fliegt sie hin und her,
und so fliegt sie hin und her.

2. Nehmt euch eine zweite Nuss hoch,
dann gehts aber richtig los:
Bringt die beiden jetzt zusammen,
sie berührn sich pausenlos.
Reibt die Nüsse aneinander,
dass es knistert und viel knackt.
Und das macht ihr jetzt im Rhythmus,
achtet dabei auf den Takt,
achtet dabei auf den Takt.

3. Und dann klopft ihr eure Nüsse,
sicher kann das jedes Kind,
aneinander mit den Schalen,
dass sie gut zu hören sind.
Könnt ihr das denn auch ganz leise,
ganz gedämpft? Probiert es aus!
Unsre Nussmusik, sie flüstert,
kaum ein Ton kommt mehr heraus,
kaum ein Ton kommt mehr heraus.

4. Zeigt mal, dass ihr mit den Nüssen
euch als Musikanten traut,
ja, ihr seid ein Nussorchester,
und jetzt spielt ihr richtig laut.
Alle Nüsse aneinander!
Wer klopft weiter immerfort?
Und wer kann es denn mit Tempo,
schafft den Schnelligkeitsrekord,
schafft den Schnelligkeitsrekord?

5. Stellt die Füße auseinander,
sucht euch einen festen Stand
und probiert jetzt zu jonglieren,
hin und her von Hand zu Hand.
Beide abwechselnd zu fangen,
wär doch schön und ideal.
Fällt die Nuss mal auf den Boden,
dann probiert es noch einmal,
dann probiert es noch einmal.

6. Wer kommt da wohl nicht ins Schwitzen?
Wem ist hier im Raum noch kalt?
Klopft die Nüsse überm Kopf jetzt
und zeigt mir, dass es knallt.
Schließlich spielt ihr mal ein Solo,
das ist sicher hörenswert,
musiziert, was euch grad einfällt,
macht ein eignes Nusskonzert,
macht ein eignes Nusskonzert.

© Copyright beim Autor

Gitarrenakkorde

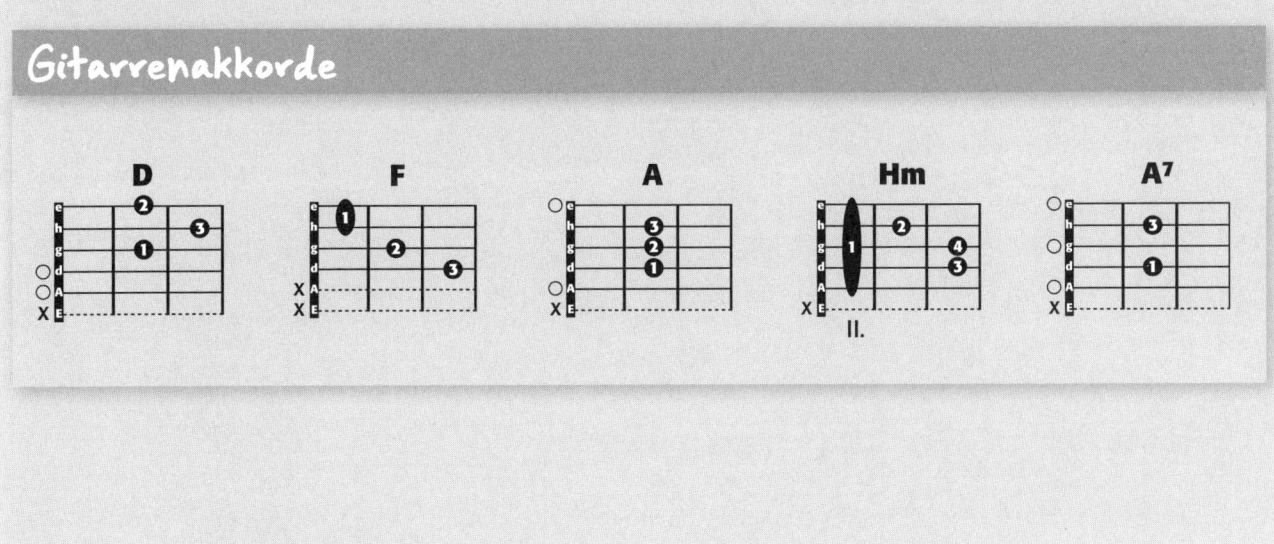

Spielanregungen

Nüsse klingen kurz und hell. Zwei Walnüsse lassen sich leicht aneinanderschlagen. Es ist ein Material, das besonders gut in den Herbst passt.

Zum Üben bekommt jedes Kind *zwei Nüsse* für ein Echospiel:

Klopfen Sie einen kleinen Rhythmus vor, z. B. über zwei Takte, und die Gruppe antwortet in der gleichen Art und Weise. Variieren Sie die Betonungen, die Taktart und das Tempo, so dass unterschiedliche Rhythmen entstehen.

Überlegen Sie nun mit den Kindern zusammen zum Lied einen kleinen Ablauf.

In der *ersten Strophe* liegen die Nüsse noch am Boden. Dann geht es los mit einer Nuss, die hochgeworfen und wieder gefangen wird.

Die *letzte Zeile* wird, wie bei den folgenden Strophen, jeweils wiederholt.

Das anschließende *Zwischenspiel* bietet genug Raum zum Ausprobieren. In der zweiten Strophe kommt die zweite Nuss hinzu, und die Kinder reiben das Paar aneinander. Sie können auch den Nachbarn einbeziehen.

Dann beginnt im *dritten Abschnitt* das Klopfen, es wird immer leiser und zur vierten Strophe dann wieder richtig laut.

Am schwierigsten ist das anschließende Jonglieren, bei dem sicher die eine oder andere Nuss hinunterfällt. Schließlich spielen alle ihre „Nussmusik" über dem Kopf und improvisieren ein eigenes Solo. Möglich ist auch, einzelne Strophen wegzulassen.

Verbotener Rhythmus
Wolfgang Hering

Alle haben den gleichen Alltagsgegenstand: einen *Stein*, eine *Nuss*, *Topf mit Löffel* oder eine *selbstgebaute Trommel*.

Die Spielleitung gibt eine rhythmische Figur (Pattern) vor und alle wiederholen den Rhythmus. Das kann auch über mehrere Takte gehen. Steigern Sie das Tempo.

Ein bestimmter Rhythmus, der vorher geklärt wird, darf aber nicht gespielt werden. Er ist sozusagen „verboten". Wer nicht aufpasst, muss ausscheiden. Es werden also immer weniger, die mitspielen. Am Ende gewinnt derjenige, der nie den verbotenen Rhythmus gespielt hat.

3. Spiel mit kleinen Perkussionsinstrumenten

wie Klanghölzer, Trommeln, Guiro, Glocken, Triangel, Becken, Schellenkranz etc.

Einführung in einfache Perkussionsinstrumente

Mittlerweile gibt es eine reichhaltige Auswahl von Trommeln. Sie können zwischen den Beinen oder auf dem Schoß liegend, nur in der Hand oder unter dem Arm gespielt werden. Es gibt:

Handtrommel

(auch *Rahmentrommel* genannt). Der Daumen erzeugt einen langen, die flache Hand einen kurzen Klang. Das Kind nimmt die Trommel in die andere Hand. Der Daumen greift von oben zu. Die Finger der gestreckten Hand schlagen mit dem ganzen Arm auf das Fell. Möglich ist auch Handtrommeln mit einem Schlägel zu spielen.

Bongos

sind immer ein Pärchen, das aus einer kleinen und einer großen Trommel besteht. Die kleine (links vor dem Körper platziert) hat einen hellen und die große einen dunkleren Klang. Sie werden zwischen die Beine geklemmt oder auf dem Boden gespielt.

Die meisten Trommeln klingen als Perkussion-Klangfarben. Es gibt aber auch Fellinstrumente (wie z. B. *Pauken*), die auf eine bestimmte Tonhöhe gestimmt werden können. Durch die Schrauben an vielen dieser Instrumente kann der Klang verändert werden. Wird das Fell angespannt, klingt der Ton höher.

Triangel

Der *Triangel* hängt an einer Schur in einer Ecke des Dreiecks. Eine offene Seite weist nach unten. Die Schläge werden nur ganz sparsam eingesetzt, klingen sie doch sehr lange nach.

Klanghölzer (Claves)

Klanghölzer (*Claves*) ergeben einen kurzen, trockenen Schlag.

Rasseln (Maracas)

Rasseln (*Maracas*) können leicht gespielt werden. Schwieriger ist das Durchhalten eines rhythmischen Grundmotivs.

Kunterbunte Spaß- und Spielmusik mit Kindern

Meine Rumbarassel

überliefert
Wolfgang Hering

Meine Rumbarassel rasselt,
Meine Rumbarassel rasselt,
Meine Rumbarassel rasselt,
rassel, rassel, rums.

Meine gelbe (kleine, runde, ...) Rassel rasselt ...

Unsre bunten Rasseln rasseln,
Unsre bunten Rasseln rasseln,
Unsre bunten Rasseln rasseln,
rassel, rassel, rums.

Spielanregungen

Die vorhandenen Rasseln bekommen ein kleines Attribut, z. B. Rumbarasseln, Minirasseln. Wenn Sie farbige Schütteleier benutzen, setzen Sie das entsprechende Attribut ein. Dann wird der Text rhythmisch mit der dazu passenden Begleitung gesprochen. Bei der letzten Silbe kommt es darauf an, besonders laut seine Rassel zu betätigen.

Schüttellied

CD 07

Musik: überliefert (*Melodie: Cheki Morena*)
Text & Bearbeitung: Wolfgang Hering

© Copyright beim Autor

Strophe

Schüt-tle die klei-ne Ras-sel, schüt-tle sie hin und her. Ja,
selbst den klei-nen Kin-dern fällt die-ser Rhyth-mus gar nicht schwer.

Refrain

Klei-ner Schritt nach vor-ne, klei-ner Schritt zu-rück. Wir
drehn uns ein-mal im Kreis her-um und dann ras-seln wir noch ei-nen Au-gen-blick.

3. Spiel mit kleinen Perkussionsinstrumenten

1. Schüttle die kleine Rassel,
schüttle sie hin und her.
Ja, selbst den kleinen Kindern
fällt dieser Rhythmus gar nicht schwer.

Refrain:
Kleiner Schritt nach vorne,
kleiner Schritt zurück.
Wir drehn uns einmal im Kreis herum und
dann rasseln wir noch einen Augenblick.

2. Lass die Rassel hoch steigen,
rüttle sie ganz und gar.
Halt sie steil zum Himmel,
beweg sie über deinem Haar.

Refrain:
Kleiner Schritt nach vorne,
kleiner Schritt zurück.
Wir drehn uns einmal im Kreis herum und
dann rasseln wir noch einen Augenblick.

3. Lass die Rassel nun schwingen,
als wenns eine Schaukel wär.
Sacht zur Seite wiegen mit Schwung,
einmal hin und dann auch wieder her.

Refrain:
Kleiner Schritt nach vorne,
kleiner Schritt zurück.
Wir drehn uns einmal im Kreis herum und
dann rasseln wir noch einen Augenblick.

4. Schüttle sie über dem Boden,
mach den Rücken krumm.
Lass sie nur nicht fallen,
und rassel wild da unten herum.

Refrain:
Kleiner Schritt nach vorne,
kleiner Schritt zurück.
Wir drehn uns einmal im Kreis herum und
dann rasseln wir noch einen Augenblick.

5. Lass die Rassel verschwinden,
schiebt sie irgendwo entlang.
Wir können sie immer noch hören
und lauschen alle ihrem schönen Klang.

Refrain:
Kleiner Schritt nach vorne,
kleiner Schritt zurück.
Wir drehn uns einmal im Kreis herum und
dann rasseln wir noch einen Augenblick.

6. Gehen wir nun spazieren,
hinaus durch dick und dünn.
Schließlich ziehn wir alle
als großer Rasselwurm dahin.

Refrain:
Kleiner Schritt nach vorne,
kleiner Schritt zurück.
Wir drehn uns einmal im Kreis herum und
dann rasseln wir noch einen Augenblick.

Achtung: auf der Begleit-CD werden immer zwei Strophen hintereinander gesungen!

Spielanregungen

Alle haben eine Rassel in der Hand und begleiten das Stück. Sehr gut können Sie auch mit Joghurtbechern, Plastikmaterial von Einkaufstüten und Gummis eigene Instrumente bauen. Die Originalmelodie dieses Stückes stammt aus Puerto Rico und heißt *Cheki Morena*.

Dieses Lied lässt sich mit zwei Akkorden begleiten:

F-Dur: F – A – C

C-Dur: C – E – G

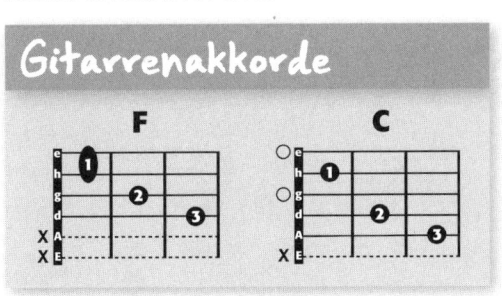

Rhythmisches Regenspiel

Wolfgang Hering

Es regnet, es regnet,
ganz leis auf unsrem Dach.
Es regnet ein paar Tropfen,
wir hören sie nur schwach.
Es steigert sich das Tempo,
es plätschert mehr und mehr.
Es gießt ununterbrochen.
Der Regen, der wird mehr.
Dann schüttet es aus Kübeln,
es rauscht nun hundertfach,
ein Wolkenbruch mit Donner,
das ist ein Höllenkrach.
Doch plötzlich stoppt der Regen,
die Sonne sehn wir gern.
Das wars hier mit dem Rauschen,
und nichts ist mehr zu hörn.

Regenmacher

Ocean-Drum

Spielanregungen
Das Stück wird mit einem *Regenmacher* oder einer *Ocean-Drum* begleitet.

Die Waschmaschine

CD 08 — Text & Musik: Wolfgang Hering

© Copyright beim Autor

Die Wasch-ma-schi-ne, Wasch-ma-schi-ne läuft, läuft, läuft und bleibt auch manch-mal stehn. Die
Wasch-ma-schi-ne, Wasch-ma-schi-ne läuft, läuft, läuft, kann sich auch an-ders drehn. *Schwub-di*

3. Spiel mit kleinen Perkussionsinstrumenten

1. Waschmaschine, Waschmaschine
läuft, läuft, läuft
und bleibt auch manchmal stehn.
Die Waschmaschine, Waschmaschine
läuft, läuft, läuft,
kann sich auch anders drehn.

Refrain:
Schwubdi dei, schwubdi wupp,
Schwubdi dibbel di dibbel di dupp.
Schwubdi dei, schwubdi wupp,
schwubdi dibbel di dibbel di dupp.

2. Die Waschmaschine, Waschmaschine
läuft, läuft, läuft,
und fängt zu schleudern an.
Die Waschmaschine, Waschmaschine
läuft, läuft, läuft.
Puh, wie sie wirbeln kann.

Refrain:
Schwubdi dei, schwubdi wupp,
Schwubdi dibbel di dibbel di dupp.
Schwubdi dei, schwubdi wupp,
schwubdi dibbel di dibbel di dupp.

3. Die Waschmaschine, Waschmaschine
steht, steht, steht.
Das Waschprogramm ist aus.
Die Waschmaschine, Waschmaschine
steht, steht, steht.
Wir holn die Wäsche raus.

Refrain:
Schwubdi dei, schwubdi wupp,
Schwubdi dibbel di dibbel di dupp.
Schwubdi dei, schwubdi wupp,
schwubdi dibbel di dibbel di dupp.

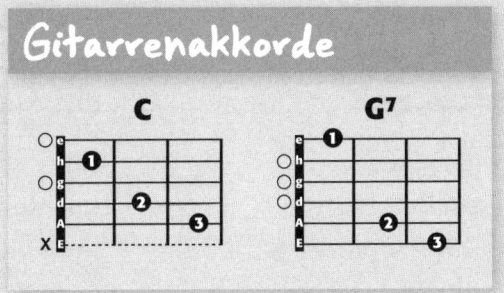

Spielanregungen

Verabredungen: Den *Refrain* begleiten alle auf ihrem Rhythmusinstrument. Möglich ist auch der Einsatz von *Kronkorkenrasseln*.

Die *Strophe* wird begleitet und eine entsprechende Klangmusik dazu produziert. Bei „*stehn*" hören alle z. B. auf.

Alle Kinder sehen sicher manchmal der Waschmaschine beim Waschen zu. Mit diesem Lied können sie mit einer eigenen Begleitmusik „mitwaschen". In der ersten Strophe langsam mit einer Hand erst rechts und dann links herumdrehen (ggf. mit Hilfe der Erwachsenen), in der zweiten Strophe schneller werden und alle Hände durcheinanderwirbeln. Am Ende (in der dritten Strophe) wird die Wäsche pantomimisch aus der Waschmaschine gezogen.

Als Kreisspiel: In der Gruppe halten sich alle an den Händen! Erste Strophe: rechts, dann links herumgehen; zweite Strophe: ganz schnell vorwärts drehen und dann wild nach innen und außen ziehen. In der dritten Strophe steht der Kreis und alle ziehen die Wäsche mit den Händen raus. Im Refrain werden die Bewegungen der Strophe in der gleichen Art und Weise wiederholt.

Wer will, kann die Wäsche auch noch vorher sortieren, in die Waschmaschine schieben, nachher an der Leine aufhängen und schließlich bügeln.

Mein Freund, der Stuhl
Wolfgang Hering

Ich habe einen Freund,
das ist jetzt hier mein Stuhl.
Er wird zum Spielgerät.
Das ist ja richtig cool.

Ich sitz erstmal darauf
am Anfang hier im Kreis,
doch kleb ich dort zulange,
wirds mir am Hintern heiß.

Ich steh nun kurz mal auf,
setz gleich mich wieder hin
und halte meine Hand
ganz nachdenklich ans Kinn.

Die Hände kreuz ich nun,
leg sie auf meinen Schoß.
So fang ich an zu patschen
und trommle einfach los.

Ich hör dann wieder auf
und lehne mich zurück.
Mein Stuhl steht auf zwei Beinen
nur einen Augenblick.

Ich steh dann einfach auf,
die Knie sind ganz weich.
Ich gehe in die Hocke
und streck mich wieder gleich.

Ich komm nun schnell in Fahrt
und bin ganz aufgedreht.
Ich renn um meinen Sitzplatz
so schnell, wie es nur geht.

Dann knie ich vor dem Stuhl
und trommle drauf herum.
Ich mach ein Schlagzeugsolo,
da staunt das Publikum.

Nun tanz ich Rock'n'Roll,
wir beide sind ein Paar.
Beweg mich um die Lehne,
das klappt ganz wunderbar.

Ich ruh mich auf dem Stuhl
zum Schluss auch wieder aus.
Lass noch mal meinen Atem
ganz tief aus mir heraus.

Spielanregungen
Jedes Kind sitzt am Anfang auf seinem Stuhl und führt die kleinen Aufgaben aus. Lassen Sie ruhig etwas Pausen, wenn Sie den Text aufsagen. Sie können einzelne Passagen auch wiederholen.

3. Spiel mit kleinen Perkussionsinstrumenten

Die Trommel gibt den Ton an
Wolfgang Hering

Die Stühle sind im Raum verteilt. Die Anzahl entspricht der Menge der Kinder. Die Spielleitung gibt einen gleichmäßigen Trommelschlag vor. Die Kinder gehen frei durch den Raum. Bei drei kurz aufeinander folgenden Trommelschlägen setzen sich alle auf einen Stuhl. Nach einem lauten Trommelschlag gibt es einzelne zusätzliche Kommandos:

- Auf einem Bein stehen.
- In die Hocke gehen.
- Mit beiden Armen als Flieger herumschwirren.
- Mit einem Partner eingehakt flanieren.
- Auf dem Boden herumkrabbeln.
- Einen Hampelmann ausführen.
- Stehenbleiben und die Zunge herausstrecken.

Variante
Zusätzlich könnte ein Beckenschlag die folgenden Spielvorgaben signalisieren:
Ein Beckenschlag heißt: alleine stehen.
Zwei Beckenschläge: als Paar zusammenstehen.
Drei Beckenschläge: sich als Trio finden.

Trommelspiel
Wolfgang Hering

Kinder, sagt mir „Guten Tag"
jetzt mit einem Trommelschlag.
Und ihr braucht nicht auszuruhn,
klopft die Trommel zweimal nun.
Wer bis drei schon zählen kann,
hängt jetzt einen Schlag noch dran.
Und zum Schluss, jetzt zeigt es mir,
schlagt die Trommel laut bis vier.

Spielanregungen
Alle Kinder haben eine Trommel vor sich stehen. Am Ende der zweiten, vierten, sechsten und achten Zeile wird eine Pause zum Trommeln gelassen. Nacheinander kommt ein Trommelschlag hinzu, von eins bis vier: Mal sehen, wie viele die Kinder alleine schaffen. Die Erwachsenen können die Bemühungen unterstützen.

Kunterbunte Spaß- und Spielmusik mit Kindern

Heut ist Trommeltag — Text & Musik: Wolfgang Hering

© Copyright 2016 by Alfred Music Publishing GmbH

Gleich, da legen wir hier los,
packen alle Trommeln aus.
Bei uns geht es so richtig rund,
Leben kommt in unser Haus.

Erstmal klatscht ihr auf das Bein,
dass es richtig patscht und kracht.
Dann klopft ihr an eure Ohrn,
das geht aber nur ganz sacht.

Dann sind richt'ge Trommeln dran,
ihr kommt sicher alle klar.
Klopft mit Fingern auf das Fell,
Schlagt mal hier und schlagt mal da.

Danach geht es nun voran.
Unser Handschlag ist erst zart.
Es wird alles lauter dann,
und wir kommen gut in Fahrt.

Und die Schläge werden mehr,
wir ziehn mit dem Tempo an.
Unsre Hände kommen hier
beide nacheinander dran.

Und ihr haut so richtig rein,
da geht jetzt die Post gut ab.
Alle Kinder trommeln fest,
und es rumpelt nicht zu knapp.

Ihr hört alle wieder auf,
macht nun einen kurzen Stopp.
Gehts noch schneller? Weiter nun,
und wir trommeln im Galopp.

Jetzt strengt Ihr euch wirklich an.
Die Musik ist wunderbar.
Unser Schlagorchester klingt,
fast als wärs aus Afrika.

Ja, der Rhythmus nimmt uns mit.
Alle wirbeln wir im Takt.
Trommelfieber hat uns glatt
hier in diesem Kreis gepackt.

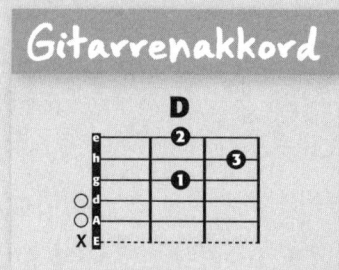

Gitarrenakkord

Spielanregungen

Jedes Kind bekommt eine Trommel, z. B. eine *Djembe*.

Die ersten beiden Strophen sind zur Einstimmung gedacht. Zunächst beginnen wir nur mit körpereigener Percussion, um dann zur richtigen Trommel zu wechseln. Verwenden Sie Djembe oder Handtrommeln, die zwischen die Beine geklemmt werden.

Alle versuchen, die verschiedenen Trommelarten und die Tempoänderungen mit ihrem Instrument umzusetzen.

3. Spiel mit kleinen Perkussionsinstrumenten

Mein Spieltipp:

Sie können das Stück mit einem Akkord (D-Dur) gut mit den Klangbausteinen begleiten. In D-Dur brauchen Sie dafür die Töne:

D-Dur:
D – Fis – A

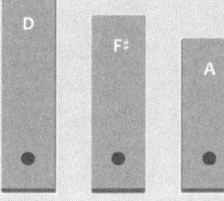

Das Fahrrad-Glöckchenspiel
Wolfgang Hering

Wir machen einen Ausflug,
ich fahr schon ganz allein
auf meinem eigenen Fahrrad
und will nicht Letzter sein.

Bemerkt nur meine Klingel,
ich saus hier glatt davon.
Ihr hört bestimmt mein Spielzeug,
ganz laut von weitem schon.

Ich mag so gerne klingeln,
ich zeig euch, was ich kann.
Was bin ich froh, ich habe
die schönste Klingel dran.

Und meine kleine Schwester,
die sitzt im Kindersitz.
Ja! Papa kann schnell fahren,
manchmal so wie der Blitz.

Kommt jemand von der Seite,
dann klingeln wir darauf.
Wir wolln ja keinen Unfall,
wir passen sehr gut auf.

Läuft einer auf dem Fahrradweg,
merkt nicht, dass ich dort fahr.
Sofort ertönt die Klingel,
der Mensch, der nimmt mich wahr.

Und irgendwann da fahren
wir auch wieder nach Haus.
Wir klingeln noch ein letztes Mal,
die große Fahrt ist aus.

Spielanregung

Wir brauchen in der Gruppe möglichst viele Klingeln. Sie sprechen das Gedicht und an den entsprechenden Stellen dürfen alle klingeln. Alternativ können Sie auch kleine Glöckchen oder einen Schellenkranz verwenden.

Der Partner als Trommel

Wolfgang Hering

Dieses Spiel kann *im Stuhlkreis* oder *im Stehen* umgesetzt werden. Im Kreis dreht sich jeweils ein Paar (mit ihrem Stuhl) in eine Richtung, so dass der Rücken des Nachbarn in Reichweite kommt. Die Spielleitung schlägt eine Trommel.

Alle trommeln zum Taktschlag der Musik auf dem Rücken des anderen in dosierter Stärke. Stoppt der Trommelschlag, dürfen entweder alle zusammen oder nacheinander ein Solo machen. In einem zweiten Durchgang wird getauscht, d. h. die Trommeln werden zu Trommlern, d.h. alle machen einen U-Turn um 180 Grad.

Zehn kleine Tannenbäume

Musik: überliefert
Text: Wolfgang Hering

Zehn kleine Tannenbäume
standen querfeldein,
ein Baum, der wurde abgeholzt,
da waren's nur noch neun.

Neun kleine Tannenbäume
hatten eine Nacht,
da zog ein Sturm hier durch den Wald,
da waren's nur noch acht.

Acht kleine Tannenbäume
schwankten übertrieben,
einer, der war krank im Holz,
da waren's nur noch sieben.

Sieben kleine Tannenbäume
sahen ein Hex.
Die zauberte aufs Gradewohl,
da waren's nur noch sechs.

Sechs kleine Tannenbäume
freuten einen Pimpf,
der brauchte Holz für den Kamin,
da waren's nur noch fünf.

Fünf kleine Tannenbäume
trafen manches Tier.
Da waren Würmer auch dabei,
jetzt waren's nur noch vier.

Vier kleine Tannenbäume
standen jetzt ganz frei.
Ein Auto streifte einen Ast,
da waren's nur noch drei.

Drei kleine Tannenbäume
in der Winterzeit.
Die trugen sehr viel Schnee als Last,
da standen sie zu zweit.

3. Spiel mit kleinen Perkussionsinstrumenten

Zwei kleine Tannenbäume
frierten ganz gemein.
Ein Wildschein knabberte ganz viel,
ein Baum, der blieb allein.

Ein kleiner Tannenbaum,
der stand nun da als Rest.
Der wurde auch noch abgesägt
für das Weihnachtsfest.

Der Tannenbaum, der rief grad noch
„Hier wars doch einmal schön."
Sie pflanzten neue Bäume an
und diesmal mehr als zehn.

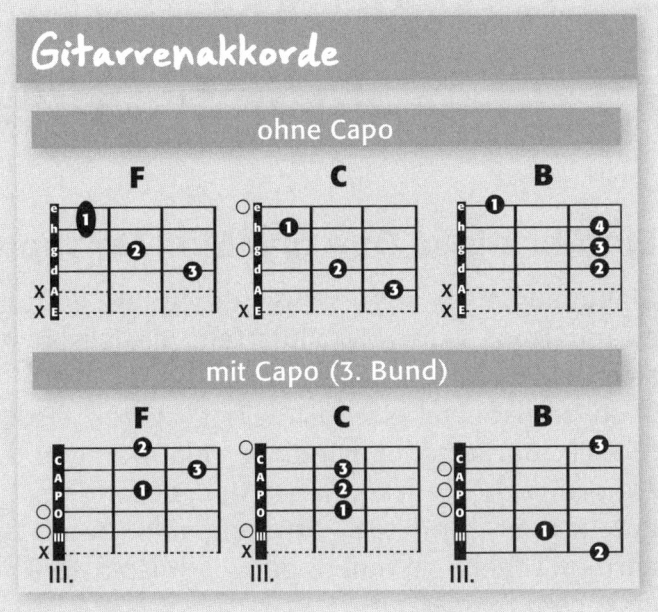

Spielanregungen

Jeder kennt die Melodie von den „Zehn kleinen Negerlein". Verteilen Sie die vorhandenen Trommeln und anderes Schlagwerk wie *Holzblocktrommel, Guiros* oder *Klanghölzer* an die Kinder.

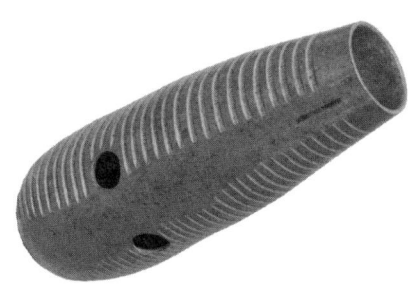

Guiro

Holzblocktrommel

Mein Spieltipp:

Immer wenn eine Zahl im Lied genannt wird, dürfen alle Kinder eine entsprechende Anzahl von Schlägen auf ihrem Instrument ausführen.

4. Liedbegleitung

mit Klangbausteinen, Stabspielen, Glockenspiel und Xylofon

Einführung in Dur- und Moll-Harmonien

Klangbausteine oder klingende Stäbe gibt es mit Holz- oder Metallplatten. Sie lassen sich leicht in der Hand halten und sind auch transportabel. Holz klingt kürzer als Metall. Bei einer Begleitung mit wenigen Akkordwechseln können Sie besonders gut Metall- und bei Stücken mit vielen harmonischen Wendungen Holzplatten einsetzen.

Stellen Sie die Einzelstäbe der Größe nach auf, dann haben Sie ein komplettes „Stabspiel" wie beim Glockenspiel, Metallofon oder Xylofon, d.h. die einzelnen Platten werden auch als „Stäbe" bezeichnet.

Mit den sieben Tönen der „Stammtöne" (die weißen Tasten am Klavier) plus Oktavton lassen sich einige Akkorde mit Einzeltönen (Klangbausteine) bilden.

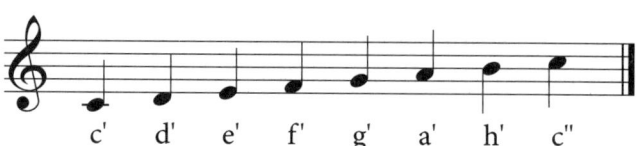

C – D – E – F – G – A – H – C

Es spielt auch eine Rolle, in welcher Lage die Töne klingen. Meist geht es mit c' los.

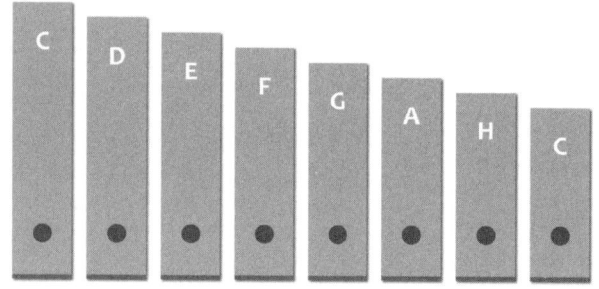

Und nun ein Überblick über die einfachen Dreiklangs-Kombinationen (die Lage der Töne wird dabei vernachlässigt; es kommt nur darauf an, welche Töne im Dreiklang zusammen passen):

Dur-Akkorde

C-Dur: C – E – G

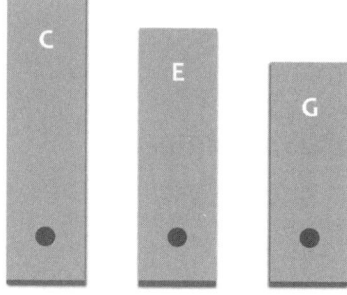

F-Dur: F – A – C

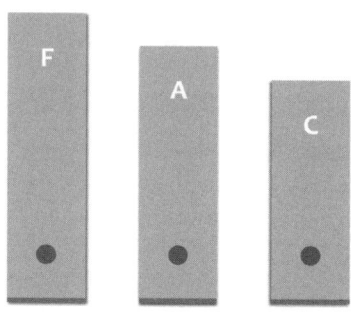

Moll-Akkorde

A-Moll: A – C – E

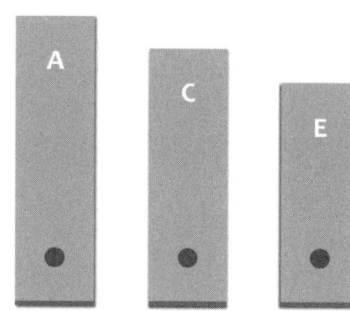

D-Moll: D – F – A

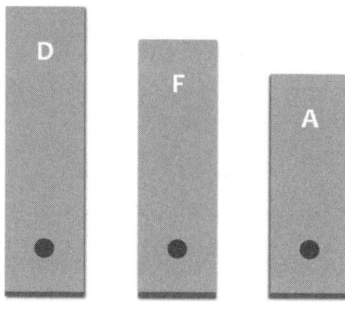

G-Dur: G – H – D

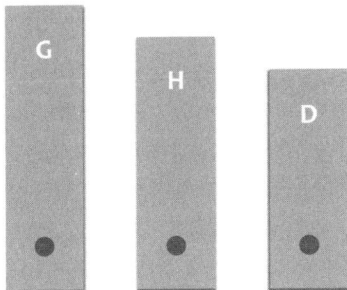

E-Moll: E – G – H

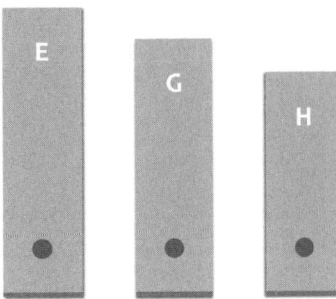

Glockenspiele, Xylofone und Metallofone

Glockenspiele und **Xylofone** sind im Kinderbereich besonders verbreitet. Die Klangplatten liegen auf einem Resonanzkasten auf. Meist sind sie mit diatonischer Tonleiter ohne Halbtöne mit den Stammtönen von C-Dur erhältlich. Die Notennamen sind oftmals auf dem Instrument abzulesen. Es gibt Ausführungen mit bunten Platten. Meist sind zusätzlich die Töne „B" und „Fis" (jeweils tiefer und hoher Ton) enthalten. Xylofone oder Glockenspiele haben oft elf oder 13 Platten, in der Regel mit dem tiefsten Ton c2.

Xylofon

Die Schlägel werden zwischen Daumen und Zeigefinger gehalten. Die Kinder können erst einmal mit einem und später dann mit zwei Schlägeln spielen. Die Köpfe der Schlägel sollten wie kleine Bälle federnd auf den Platten „springen".

Die Töne können auch farblich markiert werden, z. B. durch Klebepunkte. Zu beachten ist, dass einige Töne in den Dreiklängen doppelt vorkommen.

Die Kinder können im Schneidersitz auf dem Boden sitzen oder an Tischen stehen und mit einem oder zwei Schlägeln spielen.

Das **Alt-Xylofon** ist sehr nahe am Frequenzbereich der Erwachsenenstimme. Die Kinder orientieren sich eher am **Glockenspiel** oder am **Sopran-Xylofon**.

Übung

Auf einem kleinen Tisch steht ein Xylofon oder ein Metallofon. Jedes Kind hat zwei Schlägel. Bei kleinen Kindern nehmen Sie – bis auf einen Dreiklang – die Platten heraus, z. B. C-Dur mit den Tönen C, E und G oder F-Dur mit den Tönen F, A und C.

Nun sollen die Kinder ein oder zwei Töne nacheinander spielen, ohne dass eine Pause entsteht. Das heißt, sie schlagen mit den Schlägeln diese Töne so schnell es geht hintereinander an.

Eine Möglichkeit, die sich an der Dur-Harmonik orientiert, besteht darin, die Töne jeweils einer Harmonie zuzuordnen:

C-Dur:

F-Dur:

G-Dur:

In diesem System sind 15 Töne – beginnend mit dem c' – in drei Akkordgruppen aufgeteilt. Wenn zusätzlich die Töne B und Fis vorhanden sind, können viele gängige Akkorde gebildet werden.

Hinweis für GitarrenspielerInnen

Gut für Gitarre geeignete Akkorde wie E-Dur und A-Dur können sehr schlecht mit Klangbausteinen begleitet werden, weil die Harmonien zu viele Vorzeichen haben.

Mein Tipp: E-Dur mit Kapodaster (im 1. Bund) als F-Dur spielen; A-Dur wird dann zu B-Dur, H-Dur zu C-Dur.

Der wandernde Klangbaustein

Beginnen Sie damit, dass Sie einem Ton lauschen, wie lang er klingt. Bei den klingenden Stäben kann das schon etwas dauern. Nun machen Sie eine Übung, bei der Sie einen Ton anschlagen und das Instrument erst weitergeben, wenn der Klang verklungen ist. Dieses Kind spielt den nächsten Ton und reicht dann das Instrument an den/die Nachbarn/in weiter.

Fünf tolle Töne

Platzieren Sie die Instrumente so, dass nur die fünf Töne **C, D, E, G, A** spielbar sind. Das ergibt dann ein pentatonisches System (*penta = fünf*).

Weitere mögliche Reihen:

C, D, F, G, A
H, D, E, G, A
H, D, F, G, A

Jedes Kind darf dann nacheinander fünf Töne in einer eigenen Reihenfolge spielen. Sie zählen davor bis fünf, und dann kann es losgehen. In einer zweiten Runde spielen immer zwei Kinder zusammen. Dann dürfen drei und schließlich alle Kinder mitspielen.

Hinweis:
Auf eine solche pentatonische Skala ist die chinesische Musik aufgebaut.

4. Liedbegleitung – Spiel mit einem Dreiklang

Spiel mit einem Dreiklang

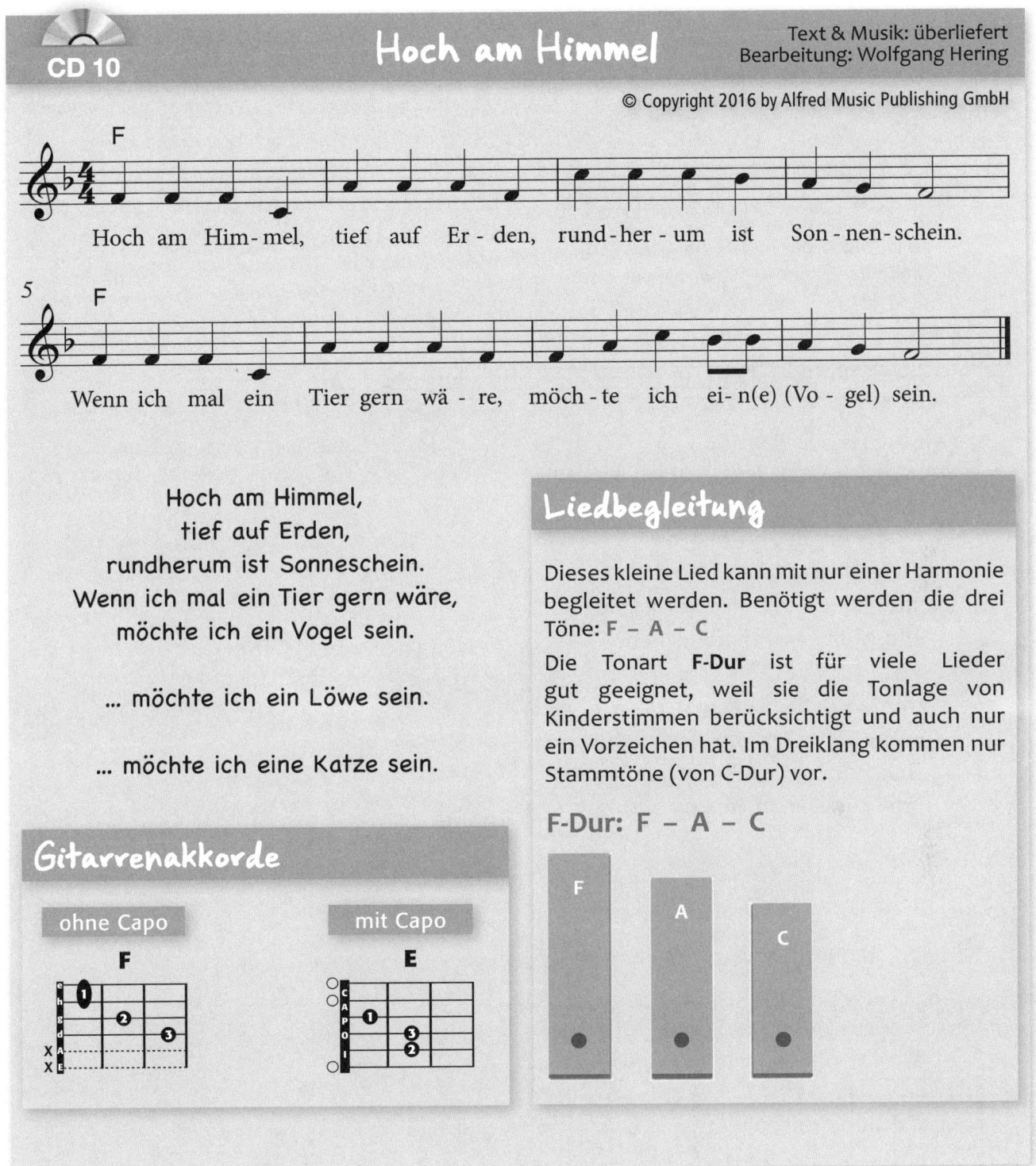

Hoch am Himmel,
tief auf Erden,
rundherum ist Sonneschein.
Wenn ich mal ein Tier gern wäre,
möchte ich ein Vogel sein.

... möchte ich ein Löwe sein.

... möchte ich eine Katze sein.

Liedbegleitung

Dieses kleine Lied kann mit nur einer Harmonie begleitet werden. Benötigt werden die drei Töne: **F – A – C**

Die Tonart **F-Dur** ist für viele Lieder gut geeignet, weil sie die Tonlage von Kinderstimmen berücksichtigt und auch nur ein Vorzeichen hat. Im Dreiklang kommen nur Stammtöne (von C-Dur) vor.

F-Dur: F – A – C

Spielanregungen

Aufstellung im *Kreis*. Bei *Hoch am Himmel* strecken und bei *tief auf Erden* bücken sich alle. Dann dreht sich jeder auf der Stelle zum Text *rundherum ist Sonnenschein* und streckt dabei die Hände zu der richtigen oder einer vorgestellten Sonne. Danach deuten alle Mitspielenden auf sich selbst. Ein Kind wählt ein Tier aus, macht die Bewegungen vor, und alle anderen versuchen, es genau nachzumachen.

Ganz interessant wird es, wenn nach der Verwandlung ein Melodiedurchgang mit den jeweiligen Tierlauten gesungen wird, z.B. „*piep piep, piep …*" oder „*Muh, muh, muh …*"

Spiel mit zwei Dreiklängen

Ich bin da

Text & Musik: aus Frankreich überliefert
Deutscher Text: Wolfgang Hering

© Copyright 2016 by Alfred Music Publishing GmbH

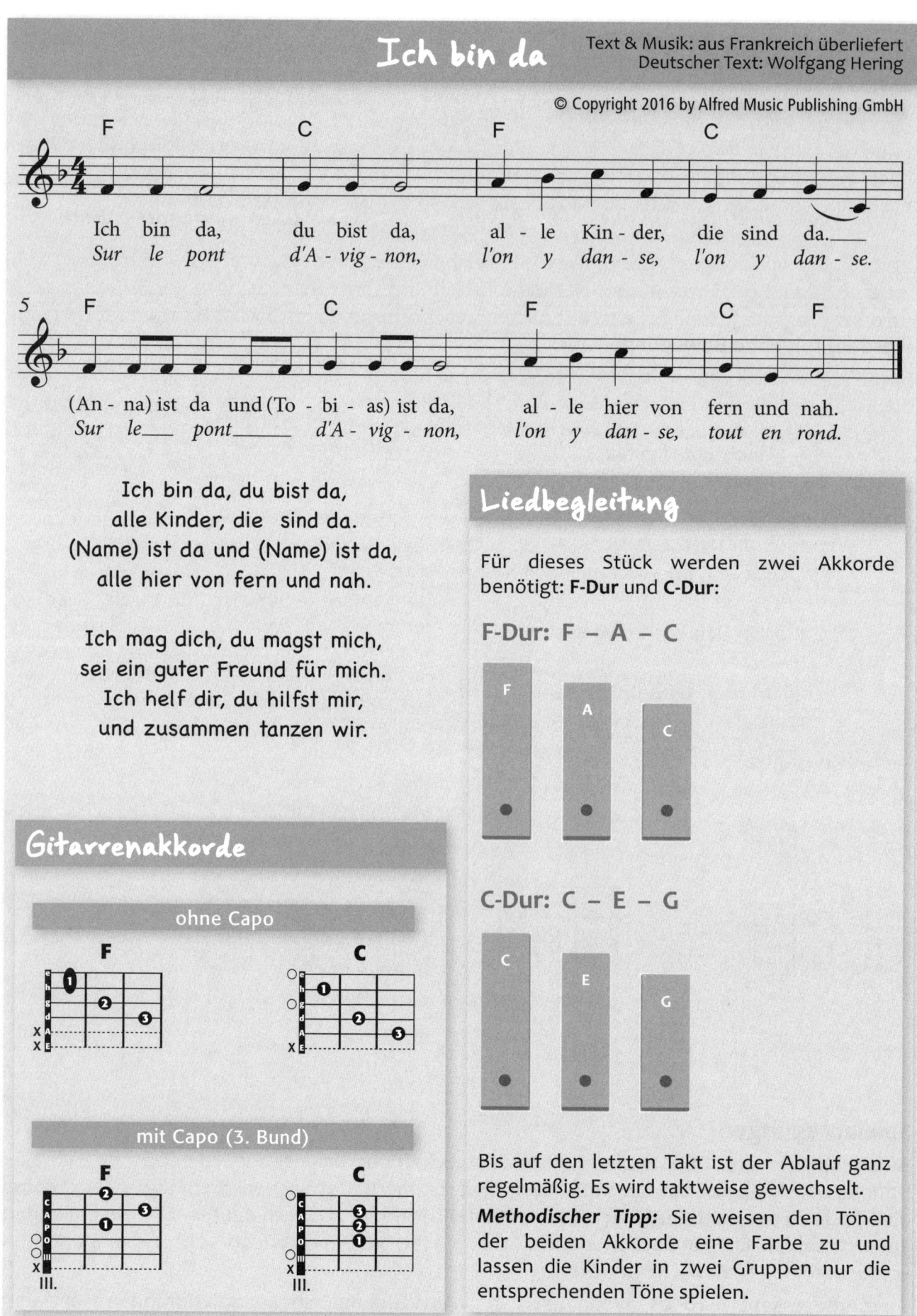

Ich bin da, du bist da,
alle Kinder, die sind da.
(Name) ist da und (Name) ist da,
alle hier von fern und nah.

Ich mag dich, du magst mich,
sei ein guter Freund für mich.
Ich helf dir, du hilfst mir,
und zusammen tanzen wir.

Liedbegleitung

Für dieses Stück werden zwei Akkorde benötigt: **F-Dur** und **C-Dur**:

F-Dur: F – A – C

C-Dur: C – E – G

Bis auf den letzten Takt ist der Ablauf ganz regelmäßig. Es wird taktweise gewechselt.

Methodischer Tipp: Sie weisen den Tönen der beiden Akkorde eine Farbe zu und lassen die Kinder in zwei Gruppen nur die entsprechenden Töne spielen.

Gitarrenakkorde

ohne Capo

mit Capo (3. Bund)

4. Liedbegleitung – Spiel mit zwei Dreiklängen

Sprechanregung und Spielvorschlag

Ein *Begrüßungslied*, das als kleiner Tanz gestaltet werden kann. Die Melodie kennen Sie sicher: Es ist der Refrain des bekannten Tanzliedes aus Frankreich. Diese Textfassung dient dem Kennenlernen der Namen.

Mein Spielvorschlag: Alle stehen *im Kreis* mit dem Gesicht nach außen gewandt und an den Händen gefasst. Mit dem Singen der ersten Strophe setzt sich die Runde in Bewegung. Am Ende nennen Sie Ihren eigenen Namen, den einer weiteren Person und wenden sich danach nach innen. Entweder Sie gehen der Reihe nach vor oder das jeweilige Paar sucht sich die nächsten Namen aus. Nach und nach dreht sich so der gesamte Kreis nach innen.

Spielerweiterung: Sie stehen in der Runde, deuten auf die eigene und dann auf eine andere Person. Bei „*alle Kinder*" führen Sie eine Kreisbewegung in der Luft aus. Dann treten jeweils zwei aus dem Kreis in jedem Durchgang mit Nennung ihres Namens nach vorne. Zur zweiten Strophe führt das jeweilige Paar (d. h. diejenigen, die in der ersten Strophe zusammen genannt wurden) folgende Bewegungen aus.

Beide stehen sich gegenüber, deuten erst auf den Partner, dann auf die eigene Person, dann zur zweiten Zeile führen sie die Bewegung umgekehrt aus. Bei „guter Freund" schütteln sich beide die Hand. Danach wiederholt sich das gegenseitige Zeigen mit dem Finger. Am Ende führt das Paar ein kleines Tänzchen auf.

Das Zwei-Töne-Stück
Wolfgang Hering

Das ist ein Stück mit zwei Tönen,
wir können uns schnell dran gewöhnen.
Sie sind miteinander verwoben,
ein tiefer Ton und einer oben.
Sie klingen mit großem Vergnügen,
ist doch schön, dass zwei Töne genügen.

Probiert sie zusammen zu bringen
und lasst sie nun beide erklingen.
Manchmal tönt einer leise,
dann der andre auf seine Weise.
Doch plötzlich sind beide wieder da,
gemeinsam klingen sie wunderbar.

Spielanregung

Es werden *nur zwei Töne* verwendet, die gut zusammen passen: z. B. C und G oder F und C, die Quinte des jeweiligen Grundtones. Versuchen Sie, das Gedicht mit zwei zusammenpassenden Klängen zu interpretieren.

Ich geh mit meiner Laterne

Martinslied
Text & Musik: überliefert

1. Ich geh mit meiner La-ter-ne und mei-ne La-ter-ne mit mir. Da
2. o-ben leuch-ten die Ster-ne, da un-ten leuch-ten wir.

Mein Licht geht aus, wir gehn nach Haus. Ra-bim-mel, ra-bam-mel, ra-bumm. Mein bumm.

Ich geh mit meiner Laterne und meine Laterne mit mir.
Da oben leuchten die Sterne, da unten leuchten wir.
Mein Licht ist aus, wir gehn nach Haus.
Rabimmel, rabammel, rabumm.

Liedbegleitung

Auch das bekannte Laternenlied lässt sich den zwei Akkorden **F-Dur** und **C-Dur** begleiten:

F-Dur: F – A – C   **C-Dur: C – E – G**

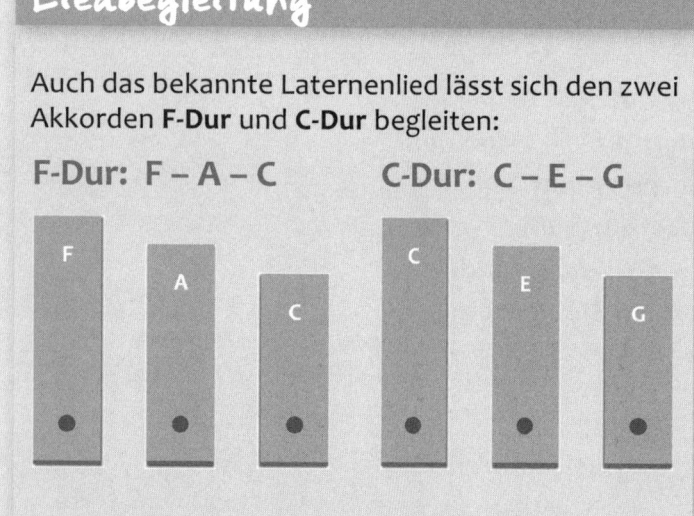

Ordnen Sie auch wieder jedem Akkord eine Farbe zu. Das lässt sich gut mit zwei farbigen Tüchern anleiten. Achten Sie auf den Dreier-Rhythmus im 6/8-Takt.

Gitarrenakkorde

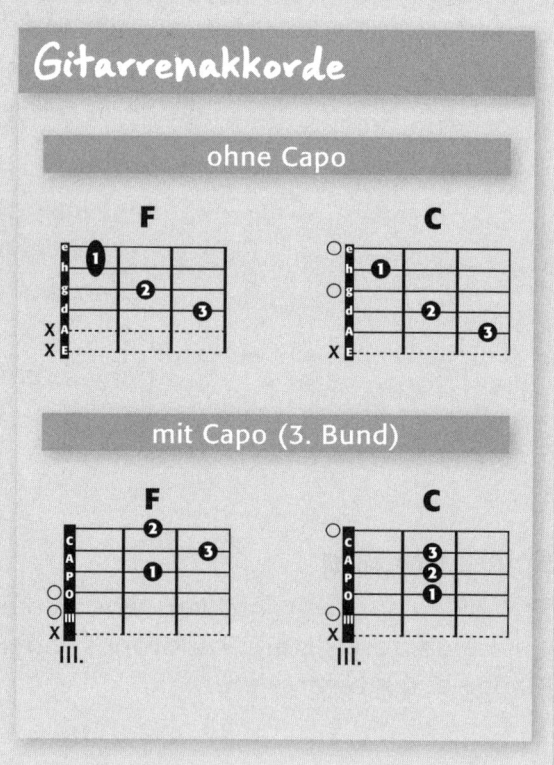

4. Liedbegleitung – Spiel mit zwei Dreiklängen

Ein kleines graues Eselchen

CD 11

Musik: überliefert
Text (2.–5. Strophe): Wolfgang Hering

Ein klei-nes grau-es E-sel-chen, das tram-pelt durch die Welt. Es wa-ckelt mit dem Hin-ter-teil, gleich wie es ihm ge-fällt. I - A, I - A, I - A, I - A, I - A.

© Copyright 2016 by Alfred Music Publishing GmbH

Ein kleines graues Eselchen,
das trampelt durch die Welt.
Es wackelt mit dem Hinterteil,
gleich wie es ihm gefällt.
I-A - I-A, I-A, I-A, I-A.

Ein kleines rotes Vögelchen,
das flattert duch die Welt,
Es macht den Schnabel auf und zu,
gleich wie es ihm gefällt.
Piep, piep ...

Zwei kleine grüne Frösche,
die hüpfen durch die Welt,
sie hüpfen hin und hüpfen her,
wie's ihnen so gefällt.
Quak, quak ...

Drei lahme, lahme Schnecken,
die schleichen durch die Welt,
und tragen ihre Häuser rum,
wie's ihnen so gefällt.
Oh jeh, oh jeh, ...

Ein paar verrückte Clowns,
die trampeln durch die Welt
und machen ihre Späßchen,
wie's ihnen so gefällt.
Hallo, hallo ...

Liedbegleitung

Hier benötigen wir die beiden Akkorde:

C-Dur: C – E – G

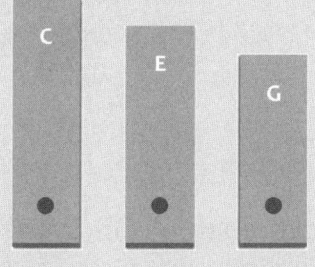
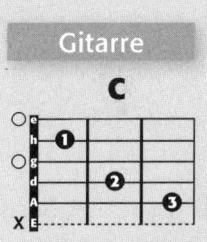

G-Dur: G – H – D

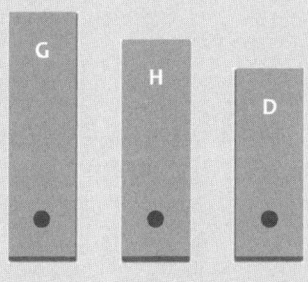
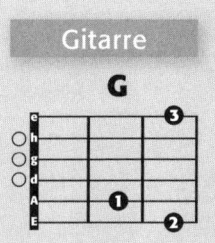

C-Dur ist die Grundtonart und G-Dur die 5. Stufe (Dominante). Auch hier können Sie das Spiel der Akkorde mit farbigen Tüchern anleiten.

Kunterbunte Spaß- und Spielmusik mit Kindern

Spielanregungen

Erst einmal wird die *erste Strophe* gesungen! Sie laufen mit dem Kind als „Eselchen" kreuz und quer herum (1), dann bleiben alle stehen und wackeln mit dem Po (2); schließlich rufen alle „*i a i a...*" mit einer Kopfdrehung einmal zur einen und dann zur anderen Seite (3).

Zunächst wird das Esellied in der Gruppe wie beschreiben dargestellt. Dann werden drei Kreise gebildet (Innen-, Mittel-, Außenkreis) – am besten jeweils mit mindestens einem Erwachsenen. Das Lied wird als *dreistimmiger Kanon* gesungen und die Gruppen setzen entsprechend nacheinander ein. Die Bewegungsrichtung der Kreise kann geändert werden, z. B. Mittelkreis geht in die andere Richtung.

Die anderen Strophen werden ebenfalls in Szene gesetzt. Dazu denken sich die Kinder die Bewegungen aus, die zum Text passen.

4. Liedbegleitung – Spiel mit zwei Dreiklängen

CD 12 — Wir tanzen im grünen Gras

Musik: überliefert
Text (2.–3. Strophe): Wolfgang Hering

F		C
Wir tan-zen in dem grü-nen Gras und klat-schen lus-tig

F

eins, zwei, drei. Wir sind ver-gnügt und ha-ben Spaß und

C — F — C

stamp-fen lus-tig eins, zwei, drei. Ich dre-he mich, ich

F — C — F

dre-he mich, dann hüp-fen wir im Kreis her-um. Nun

C — F — C — F

drehst du dich, nun drehst du dich, so geht es lus-tig di-del-dum.

© Copyright 2016 by Alfred Music Publishing GmbH

2. Wir gehn auf einen Nachbarn zu
und klatschen lustig, eins, zwei, drei.
Wir sind ein neues Paar im Nu
und stampfen lustig, eins, zwei, drei.

Ich drehe mich, ich drehe mich,
dann hüpfen wir im Kreis herum.
Nun drehst du dich, nun drehst du dich,
so geht es lustig dideldum.

3. Wir gehen alle kreuz und quer
und klatschen lustig, eins, zwei, drei.
Die Wiese lieben wir so sehr
und stampfen lustig, eins, zwei, drei.

Ich drehe mich, ich drehe mich,
dann hüpfen wir im Kreis herum.
Nun drehst du dich, nun drehst du dich,
so geht es lustig dideldum.

Rundlauf um ein Xylofon

Entfernen Sie die Töne „F" und „H" aus dem Xylofon, so dass nur fünf Töne übrig bleiben: **C, D, E, G, A.**

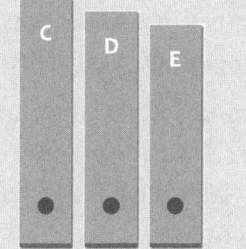

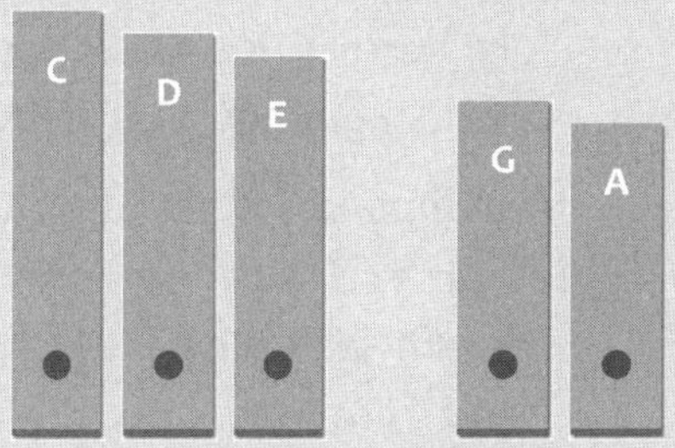

Das Instrument stellen Sie erhöht in die Mitte auf einen Stuhl (ohne Lehne) oder einen kleinen Tisch. Jedes Kind hat einen Schlägel und muss nun – um das Xylofon laufend – jeweils einen Ton anschlagen, ohne dass eine Pause entsteht.

Variante
Ändern Sie die Regeln: Jedes Kind darf zwei verschiedene Töne spielen, dann kommt das nächste dran.

Was wollen wir tun?

Musik: überliefert
Text: Wolfgang Hering

© Copyright 2016 by Alfred Music Publishing GmbH

Was wolln wir nun ge-mein-sam tun, ge-mein-sam tun, ge-mein-sam tun?

Was wolln wir nun ge-mein-sam tun, ge-mein-sam al - le tun?

Refrain
**Was wolln wir nun gemeinsam tun,
gemeinsam tun, gemeinsam tun?
Was wolln wir nun gemeinsam tun,
gemeinsam alle tun?**

Strophen
Wir fahren im Piratenboot,
Piratenboot, Piratenboot,
wir fahren im Piratenboot
und spielen Schiff in Not.

Wir klettern an der Kletterwand,
der Kletterwand, der Kletterwand,
wir klettern an der Kletterwand,
so klettern wir gewandt.

Wir hüpfen als Indianer rum,
Indianer rum, Indianer rum.
Wir hüpfen als Indianer rum,
und kommen viel herum.

Wir machen eine Fahrradtour,
'ne Fahrradtour, 'ne Fahrradtour,
wir machen eine Fahrradtour,
und fahrn durch die Natur.

Wir sind Gespenster in der Nacht,
in der Nacht, in der Nacht.
Wir sind Gespenster in der Nacht,
in der es spukt und kracht.

Wir ruhen uns am Ende aus,
am Ende aus, am Ende aus
Wir ruhen uns am Ende aus
und gehn wieder nach Haus.

Spielanregung
Zum *Refrain* fassen sich alle Kinder an den Händen und gehen *im Kreis*. Dann führen sie freie Bewegungen mit den Vorgaben der Strophe aus, um am Ende wieder zum Kreis zusammenzukommen und mit dem nächsten Durchgang zu beginnen.

Liedbegleitung

Hier benötigen wir die beiden Akkorde:

C-Dur: C – E – G

G-Dur: G – H – D

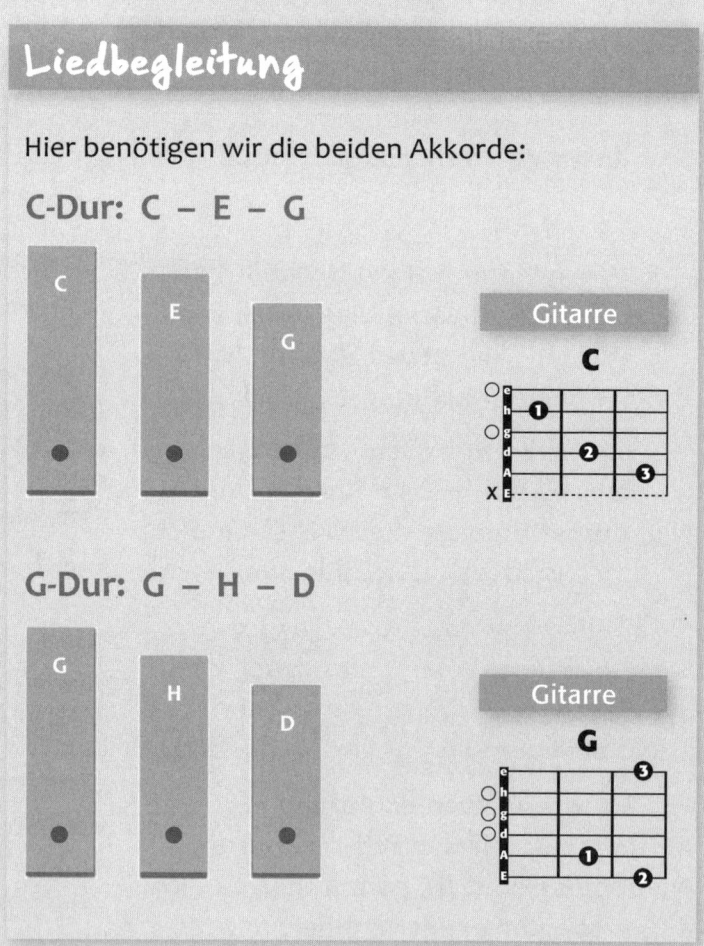

4. Liedbegleitung – Spiel mit zwei Dreiklängen

Eins, zwei oder drei
Wolfgang Hering

Die Spielleitung betätigt die **Klangbausteine**. Drei Kinder bekommen jeweils einen Klangbaustein. Die anderen Kinder laufen dazu kreuz und quer durch den Raum. Erklingt ein Klangbaustein, müssen die Kinder stehen bleiben. Wenn zwei Töne gleichzeitig erklingen, suchen sie sich einen Partner; erklingen drei Töne gleichzeitig, dann finden sich jeweils drei Kinder zusammen. Die Abläufe können sich nun immer schneller verändern. Eine Übung zum Hören und Reagieren.

In einem weiteren Durchgang können drei Kinder das Spielen der Klangbausteine übernehmen. Die Spielleitung kann zusätzlich durch Trommelschläge das Herumlaufen der Kinder unterstützen.

Die musikalische Fliege
Wolfgang Hering

Ich kenne eine Fliege,
die ist sehr musikalisch.
Sie fliegt gern am Abend
um die Lampen herum.
Dann dreht sie ein paar Runden
und freut sich am Leben.
Sie summt herum
und ist nicht gerne stumm.

Sie hat eine Freundin,
das ist eine Hummel,
die fliegt geradeaus
und selten schief.
Wenn die mal brummt,
dann klingt das kräftig
in ganz warmen Tönen
und wirklich sehr tief.

Sie hat auch einen Freund,
und das ist Fritz, der Käfer,
Er brummt und krabbelt
ganz langsam umher.
Er knabbert und frisst
und futtert so gerne
und fällt auch mal runter,
denn er ist ganz schwer.

Die Nachbarin ist
ein bunter Schmetterling,
ein jeder will sie gerne
flattern sehn.
Sie fliegt und trällert
den ganzen Tag,
mal laut und mal leise,
betörend schön.

Die Fliege, die feiert
auch gern auf der Wiese.
Sie lädt alle Freunde
zum Singsang ein.
Und wenn alle surren
und summen und brummen,
dann klingt die Luft
wie ein Gesangsverein.

Spielanregungen
Die einzelnen Tiere können gut mit Instrumenten begleitet werden. Was passt zur Fliege, zur Hummel, zum Käfer und zum Schmetterling? Wählen Sie mit den Kindern die entsprechenden Klänge aus.

Wirbel wie der Wind

Musik: überliefert
Text: Wolfgang Hering

© Copyright 2016 by Alfred Music Publishing GmbH

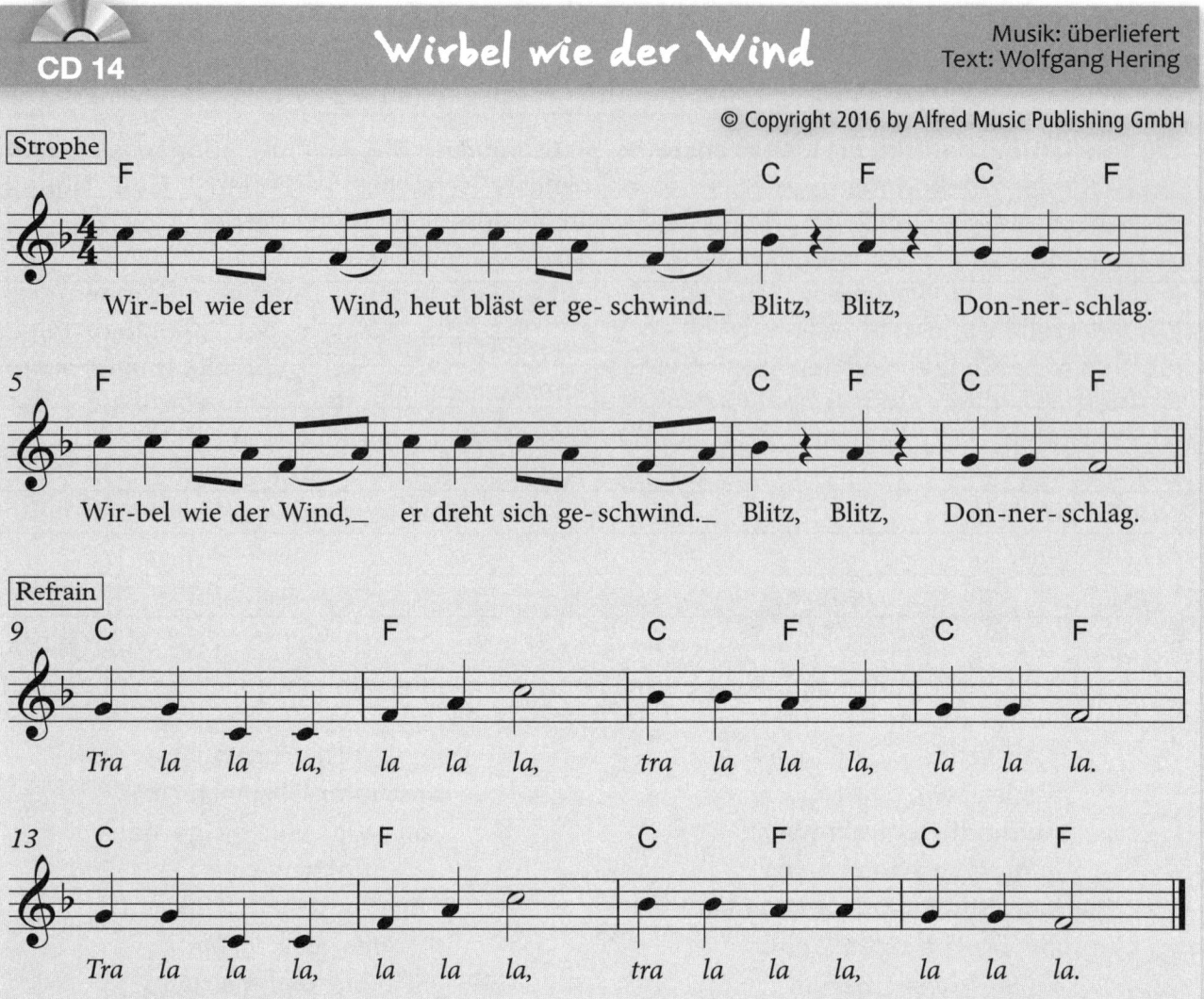

1. Wirbel wie der Wind,
heut bläst er geschwind.
Blitz, Blitz, Donnerschlag.
Wirbel wie der Wind,
er dreht sich geschwind.
Blitz, Blitz, Donnerschlag.
Tra la la la, la la la, tra la la la, la la la.
Tra la la la, la la la, tra la la la, la la la.

2. Wirbelt nun zu zweit
eine kurze Zeit.
Blitz, Blitz, Donnerschlag.
Wirbelt nun zu zweit,
wechselt in der Zeit.
Blitz, Blitz, Donnerschlag.
Tra la la la, la la la, tra la la la, la la la.
Tra la la la, la la la, tra la la la, la la la.

3. Wirbelt nun im Kreis,
alle mit viel Fleiß.
Blitz, Blitz, Donnerschlag.
Wirbelt nun im Kreis,
euch wird dabei heiß.
Blitz, Blitz, Donnerschlag.
Tra la la la, tra la la, tra la la la, tra la la.
Tra la la la, tra la la, tra la la la, tra la la.

4. Lauft nun kreuz und quer,
rennt dann immer mehr.
Blitz, Blitz, Donnerschlag.
Lauft nun kreuz und quer,
rückwärts auch umher.
Blitz, Blitz, Donnerschlag.
Tra la la la, la la la, tra la la la, la la la.
Tra la la la, la la la, tra la la la, la la la.

5. Jetzt kommt noch der Sturm,
saust nun um den Turm.
Blitz, Blitz, Donnerschlag.
Jetzt kommt noch der Sturm,
wackelt an dem Turm.
Blitz, Blitz, Donnerschlag.
Tra la la la, la la la, tra la la la, la la la.
Tra la la la, la la la, tra la la la, la la la.

4. Liedbegleitung – Spiel mit zwei Dreiklängen

Spielanregung

Bei diesem Tanzlied werden folgende Bewegungen im Stand ausgeführt:

Textstelle	Bewegung
Wirbel wie der Wind	die Fäuste umeinander drehen
heut bläst er geschwind	in die andere Richtung drehen
Blitz, Blitz	zweimal klatschen
Donnerschlag	stampfen
Wirbel wie der Wind	wieder die Fäuste drehen
er dreht sich geschwind	andere Richtung
Blitz, Blitz	klatschen
Donnerschlag	stampfen
Tra la la la, la la la,	an den Händen gefasst umeinander drehen
tra la la la, la la la.	
Tra la lal la, la la la, tra la la la, la la la.	

Dann folgen die Bewegungen *mit Partner, im Kreis, frei im Raum* und schließlich als *Tempospiel*.

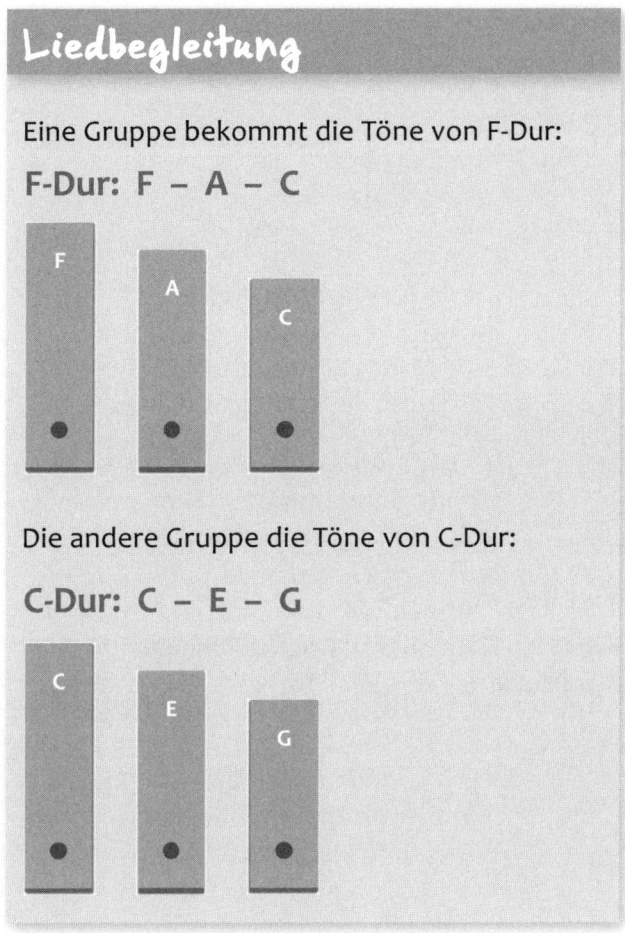

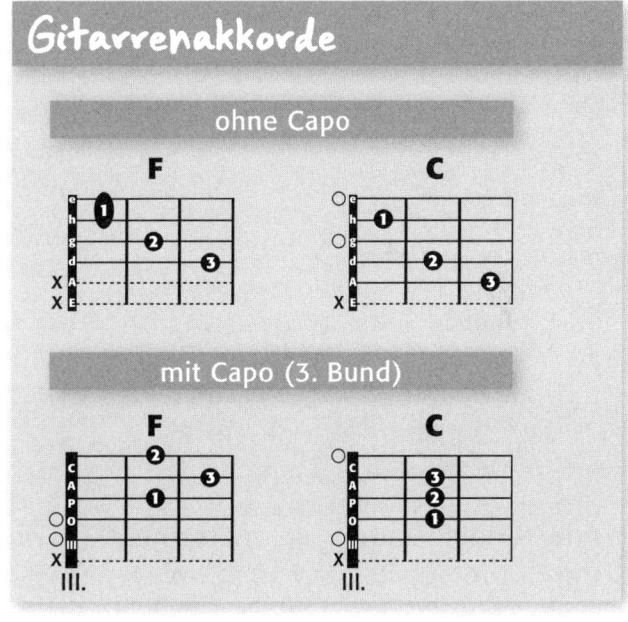

5. Zusammenspiel von verschiedenen Instrumenten

In diesem Kapitel steht nun das Zusammenspiel von vielen Instrumenten im Mittelpunkt. Eine gute Möglichkeit ist die Verteilung von jeweils einem Instrument auf jeden in der Runde. Sicher geht es erst einmal darum, die Spielweise der Klangkörper auszuprobieren. Vereinbaren Sie gleich ein Zeichen, dass alle still sind, wenn Sie als Spielleitung etwas ansagen wollen, z. B. eine Hand hochheben oder einen Finger vor den Mund halten.

Sie können die Instrumente nach Klangfarben ordnen, z. B. nach Holz-, Metall- sowie Fellinstrumenten sortieren. Die Instrumente können in Lang-, Mittel- und Kurzklinger unterschieden werden. Verabreden Sie mit ihrer Gruppe verschiedene Regeln, die dann eingehalten werden; z. B.:

- *Die Instrumente spielen nacheinander.* Wenn der Erste fertig ist, beginnt der Nächste in der Runde zu spielen. Es spielen also nie zwei gleichzeitig.
- Vereinbaren Sie einen *zunehmenden* und dann einen *abnehmenden Kreis*. Ein Kind beginnt, das nächste kommt hinzu und so fort, bis alle spielen; dann hören sie wieder in derselben Richtung nacheinander auf.
- *Jeweils ein Paar spielt gemeinsam.* Für den Impuls, wie es weitergeht, können unterschiedliche Absprachen gelten, z. B.:
  ◊ Wenn der erste Spieler aufhört, beginnt der Übernächste. Es spielen immer zwei.
  ◊ Es kann auch umgekehrt sein. Wenn der dritte Spieler in der Reihe beginnt, muss der Erste aufhören.

Sie können nach einiger Zeit die Instrumente wechseln.

Immer auf die Eins
Wolfgang Hering

Alle Kinder haben ein Instrument in der Hand. Die Spielleitung zählt immer bis vier. Nach einem Takt Vorzählen haben alle die Aufgabe, nur bei bestimmten Taktschlägen zu spielen.

Alle spielen jeweils nur auf die Eins.

Erweiterung:

Alle spielen auf 1, 3 und 4 oder einen anderen Rhythmus.

5. Zusammenspiel von verschiedenen Instrumenten

1. Mein lieber Schatz, der ruht noch still
und schläft in meiner Hand.
Es ist ein Instrument, erst mal
nur ein kleiner Gegenstand.
Er hebt jetzt seinen Körper
und weiß, er ist nun dran.
Schaut prüfend in die Runde
und fängt zu spielen an.

Refrain:
‖: **Dideldi dideldang dideldidang,
dang dang dideldi dang.** :‖

2. Mein Schatz macht eine Pause
und rührt sich keinen Tick.
Er lässt sich dann mal drehen
ganz vorsichtig ein Stück.
Danach fängt er zu spielen an
und ist gleich richtig fit,
und alle in der Gruppe,
die machen kräftig mit.

Refrain

3. Er will mal kurz nach oben
mit einer guten Sicht.
Er spielt dort eine Weile,
zeigt, was er kann, der Wicht.
Dann sinkt er tief zum Boden,
beschallt auch diesen Ort.
Dort hält er seine Stellung,
wir hörn ihn weiter fort.

Refrain

4. Mein Schatz, der geht nach hinten,
ein Kunststück ist nun dran.
Denn dort hinter dem Rücken,
fängt er zu spielen an.
Dann denkt sich jeder selber
etwas Verrücktes aus.
Ein wildes Durcheinander
kommt hier im Kreis heraus.

Refrain

5. Mein Schatz wandert zum Nachbarn,
berührt ihn kurz sogar.
Sie spielen eine Weile
als Instrumentenpaar.
Wir hören all die Klänge,
mit sehr viel Pfeffer drin.
Mein Schatz legt sich am Ende
zu einem Schläfchen hin.

Refrain

Kunterbunte Spaß- und Spielmusik mit Kindern

Spielanregungen

Sie können dieses Lied gut in Szene setzen, wenn alle ein gleiches oder ein ähnliches (nicht zu großes) Instrument in der Hand haben, z. B. eine *Rassel*, eine *kleine Trommel*, eine *Maracas*, *kleine Glöckchen*. Es können auch selbstgebaute Instrumente zum Schütteln sein (z. B. *raschelnde Joghurt-Becher*, *Kronkorkenrasseln*).

In der *ersten Strophe* wird das Instrument vorgestellt, zunächst hat es Pause, um dann richtig loszulegen. In der *dritten Strophe* wird es zunächst oben und dann über dem Boden gespielt. Danach wandert das Instrument hinter den Rücken. Dann darf jedes Kind in eigener Regie spielen. In der *letzten Strophe* nehmen alle Kontakt zum Nachbarn auf.

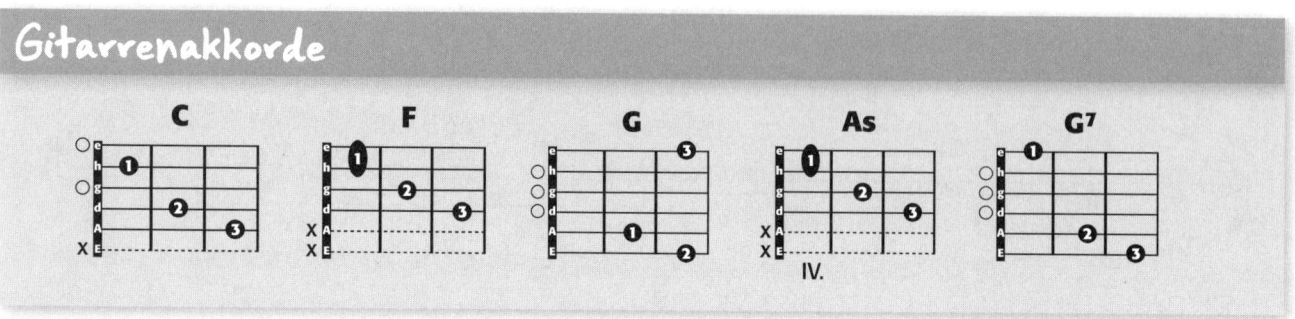

Macht mir alle alles nach!

Wolfgang Hering

Die Spielleitung oder ein Kind hat eine *Trommel* oder *zwei Klanghölzer* und spielt einen durchgehenden Grundschlag. Alle sitzen *im Kreis* oder *hintereinander auf Stühlen*. Eine andere Person sollte gut zu sehen sein. Sie nimmt verschiedene Sitzhaltungen ein, und alle wiederholen die vorgegebenen Bewegungen so gut es geht. Die Bewegungen orientieren sich am Rhythmus der Musik.

Hier einige Möglichkeiten:

- Wechsel zwischen geradem und gebücktem Sitzen.
- Kopf in verschiedene Richtungen wenden.
- Ein Bein über das andere schlagen.
- Beine lang ausstrecken und wieder an den Körper ziehen.
- Mit der Hand mal rechts, mal links auf den Oberschenkeln abstützen.
- Kurz aufstehen, auf die Sitzfläche schauen und wieder hinsetzen.
- Beine oberhalb der Stuhlsitzfläche grätschen.
- Sich wie eine feine Dame hinsetzen, sich auf den Stuhl lümmeln.
- Ungeduldig mit den Fingern auf den Stuhl klopfen.
- Zur Seite kippen und mit dem Stuhl balancieren.
- Sich verkehrt herum auf den Stuhl setzen.
- Sich seitlich auf den Stuhl setzen.
- Hinter dem Stuhl ein paar Kniebeugen machen.
- Abwechselnd den rechten und den linken Fuß auf die Sitzfläche stellen.
- Einmal um den Stuhl laufen und sich wieder hinsetzen.
- Den Stuhl wie beim Gewichtheben nach oben stemmen.
- Im Stuhlkreis: Aufstehen, setzen, einen Platz nach rechts, einen Platz nach links rücken, nur rechte Seite bewegen, nur linke Seite bewegen, dem Nachbarn auf die Schulter klopfen, anschauen …

5. Zusammenspiel von verschiedenen Instrumenten

Versuchen Sie, den Impuls der Musik aufzugreifen und regelmäßige Bewegungen zu machen. Sie können dann im Stuhlkreis die Aufgaben variieren, indem jedes Kind eine kleine Bewegung vormacht, die alle imitieren und zwar so lange, bis das nächste Kind eine neue Bewegungsidee vorgibt.

Instrumententanz

Wolfgang Hering

Die Stühle stehen *im Kreis*. Jedes Kind hat ein Instrument und legt es auf einen Stuhl. Die Spielleitung trommelt auf einer *Handtrommel* oder *Djembe* einen Rhythmus, zu dem alle Kinder im Innenkreis durcheinanderlaufen.

Mit einem lauten Schlag wird eine Pause eingeleitet. Jedes Kind sucht sich ein Instrument, das in der Nähe liegt, und darf darauf so lange spielen, bis das Trommeln wieder einsetzt. Variieren Sie die Länge der Pausen.

Sie können auch Trommelmusik laufen lassen und die Pausentaste drücken.

Variante

Sie nennen einzelne Instrumentengruppen, die nur dann spielen dürfen.

Dschungel, Dschungel

Musik: überliefert
Text: Wolfgang Hering

Dschun-gel, Dschun-gel, ich lieb den Dschun-gel, Pflan-zen, die wach-sen wild und brei-ten sich aus. brei-ten sich aus. 1. Seht den Ti-ger, wie er leicht, durch das Busch-werk schleicht. Und die Af-fen stre-cken ih-re Zun-ge raus. Seht den Zun-ge raus.

© Copyright 2016 by Alfred Music Publishing GmbH

Refrain:
Dschungel, Dschungel,
ich lieb den Dschungel,
Pflanzen, die wachsen wild
und breiten sich aus.

1. Seht den Tiger, wie er leicht,
durch das Buschwerk schleicht.
Und die Affen strecken
ihre Zunge raus.

Refrain:
Dschungel, Dschungel,
ich lieb den Dschungel,
Pflanzen, die wachsen wild
und breiten sich aus.

2. Hört Moskitos sausen dort,
summen immerfort.
Und die Affen klatschen
laut dazu Applaus.

Refrain:
Dschungel, Dschungel,
ich lieb den Dschungel,
Pflanzen, die wachsen wild
und breiten sich aus.

3. Elefanten stampfen schwer,
kommen weit umher.
Und die Affen ärgern sie
tagein, tagaus.

Refrain:
Dschungel, Dschungel,
ich lieb den Dschungel,
Pflanzen, die wachsen wild
und breiten sich aus.

4. Lange Schlangen kriechen krumm,
tief am Boden rum.
Und die Affen machen
sich nicht viel daraus.

Refrain:
Dschungel, Dschungel,
ich lieb den Dschungel,
Pflanzen, die wachsen wild
und breiten sich aus.

5. Und die Spinnen treten dann
auch zum Tanzen an.
Und so schnell geht keinem
hier die Puste aus.

5. Zusammenspiel von verschiedenen Instrumenten

Liedbegleitung

Das Stück wird mit dem *Xylofon* oder dem *Glockenspiel* und *Trommeln* begleitet. Teilen Sie die Kinder in **drei Gruppen** auf:

Gruppe 1: spielt die drei Töne von D-Moll:

D-Moll: D – F – A

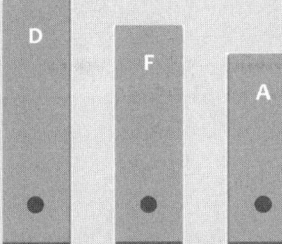
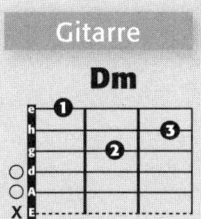

Gruppe 2: spielt die drei Töne von C-Dur:

C-Dur: C – E – G

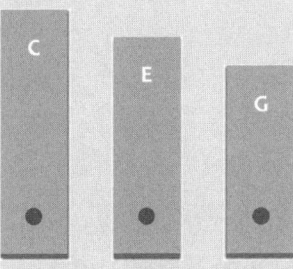
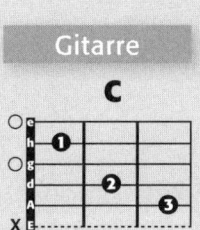
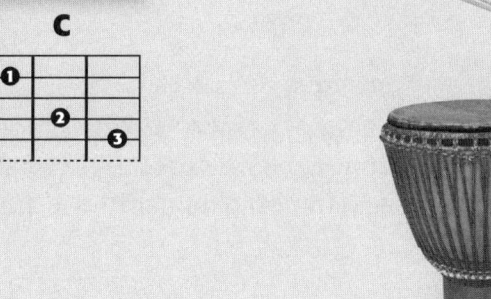

Gruppe 3: trommelt dazu.

Auf der beiliegenden CD erklingt das Stück in E-Moll.
Wer also zur CD mitspielen möchte, der benötigt folgende Dreiklänge:

E-Moll: E – G – H   D-Dur: D – Fis – A

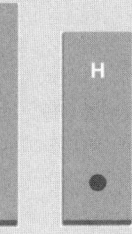
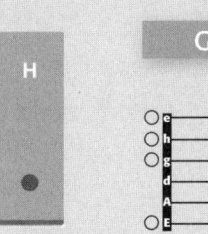

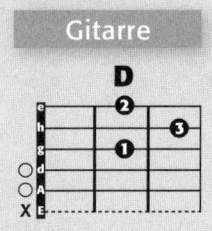

Kunterbunte Spaß- und Spielmusik mit Kindern

Der Leuchtturm
Wolfgang Hering

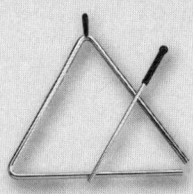

Triangel:
Auf einer kleinen Insel steht der große Leuchtturm, der regelmäßig seine Lichtsignale (*Triangelschläge*) aussendet.

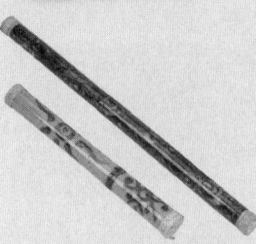

Regenmacher: Das Wasser rauscht Tag und Nacht an den Klippen.

Klanghölzer:
Der Leuchtturmwärter Roberto kann tolle Geschichten erzählen, z. B. von dem Besuch der schwarzen Tintenfische auf der Insel mit ihren vielen Beinen (*Klanghölzer*). Sie krabbelten über die vielen Felsen und am nächsten Tag waren alle wieder verschwunden.

Bongos:
Sogar Pinguine waren schon auf der Insel (*Trommelschläge mit Bongos*). Sie watschelten zum Leuchtturm und veranstalteten zusammen ein paar kleine Tänzchen.

Schellenkranz:
Eines Tages zerschellte ein Schiff an den Felsen der Insel (*Schellenkranz*).

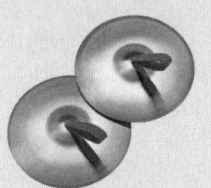

Zimpeln:
Es war ein Piratenschiff mit einer Kiste voller Goldmünzen (*Zimpeln*).

Kazoo:
Roberto kaufte mit dem Geld eine Hafenanlage. Jetzt können immer die Schiffe auf der Insel anlegen (*Tröte*) …

… und Roberto erzählt dann immer den Kindern, die ihn besuchen, eine neue Seemannsgeschichte.

Spielanregung

Die Klanggeschichte wird mit den entsprechenden Instrumenten umgesetzt. Denken Sie sich eine eigene Geschichte aus.

5. Zusammenspiel von verschiedenen Instrumenten

Wir machen Musik
Text & Musik: Wolfgang Hering
CD 17

1. Wir machen Musik, Musik,
wenn unsre Hände klatschen.
Wir machen Musik, Musik.
Sie können auch noch patschen.

Refrain:
||: Dubi dubi dub dub, dubi dua,
dubi dubi dubi dua :||

2. Wir machen Musik, Musik
und lassen Rasseln rasseln.
Wir machen Musik, Musik,
so wie beim Regenprasseln.

Refrain

3. Wir machen Musik, Musik.
Jetzt kommt die Fingerstunde,
wir machen Musik, Musik
und schnipsen eine Runde.

Refrain

4. Wir machen Musik, Musik
und lassen Hölzer klicken.
Wir machen Musik, Musik,
der Klang kann uns entzücken.

Refrain

5. Wir machen Musik, Musik,
wenn unsre Füße stampfen.
Wir machen Musik, Musik,
sodass sie richtig dampfen.

Refrain

6. Wir machen Musik, Musik,
wir wolln es heut mal wagen,
wir machen Musik, Musik,
auf Trommeln laut zu schlagen.

Refrain

7. Wir machen Musik, Musik
und spielen noch viel fester,
wir machen Musik, Musik,
so klingt hier das Orchester.

© Copyright 2016 by Alfred Music Publishing GmbH

Gitarrenakkorde

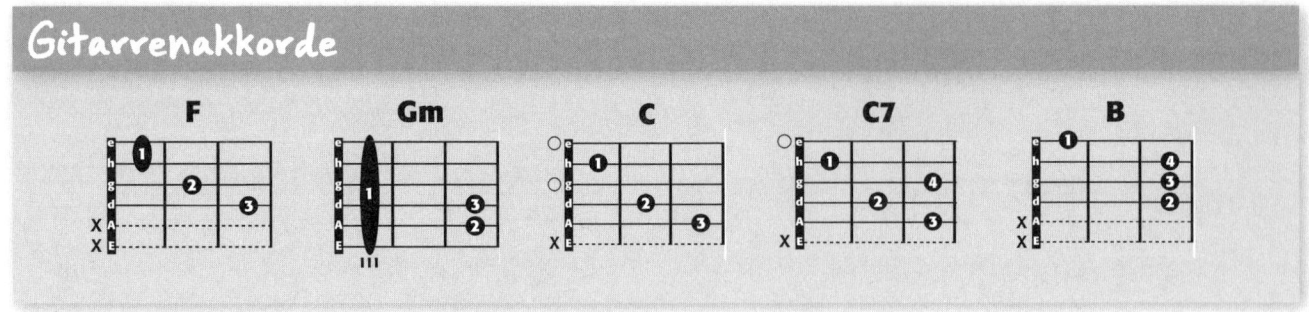

Spielanregungen

Ein Stück zum Einstieg für das Spiel mit einfachen Instrumenten und Klanggesten. Verteilen Sie die vorhandenen *Klanghölzer*, *Rasseln* und *Trommeln* an die Kinder. Die anderen Gruppenmitglieder können mit *Klatschen*, *Patschen* und *Schnipsen* mitwirken. Zum *Refrain* werden die Spielanregungen der Strophen ausgeführt. Auf der Begleit-CD ist folgender Ablauf vorgesehen.

1. **Patschen**
2. **Rasseln**
3. **Schnipsen**
4. **Trommeln**
5. **Stampfen**
6. **Klanghölzer**
7. **Alle zusammen**

Es wechseln sich also körpereigene Klanggesten und einfache Rhythmusinstrumente ab. Zum Schluss kommt das gesamte Orchester zum Einsatz. Eigene Strophen können hinzukommen.

Der kranke König

Wolfgang Hering

Der kranke König sitzt mit einem Instrument, das sein derzeitiges Leiden ausdrückt, auf seinem Thron. Ein Instrument dient – für alle versteckt – als Zeichen seiner Genesung.

Vor ihm sitzen nun die besten Heiler und Ärzte seines Reiches, jeder wiederum mit ein bis zwei Instrumenten ausgestattet, die er nacheinander zu sich „zitiert". Diese spielen ihm ihre Heilmusik vor. Hat sie ihre Wirkung verfehlt, jammert der König weiter, fühlt er sich jedoch gesundet, holt er sein Freudeninstrument hervor und der König spielt mit seinen Untertanen gemeinsam.

Die Schlange

Wolfgang Hering

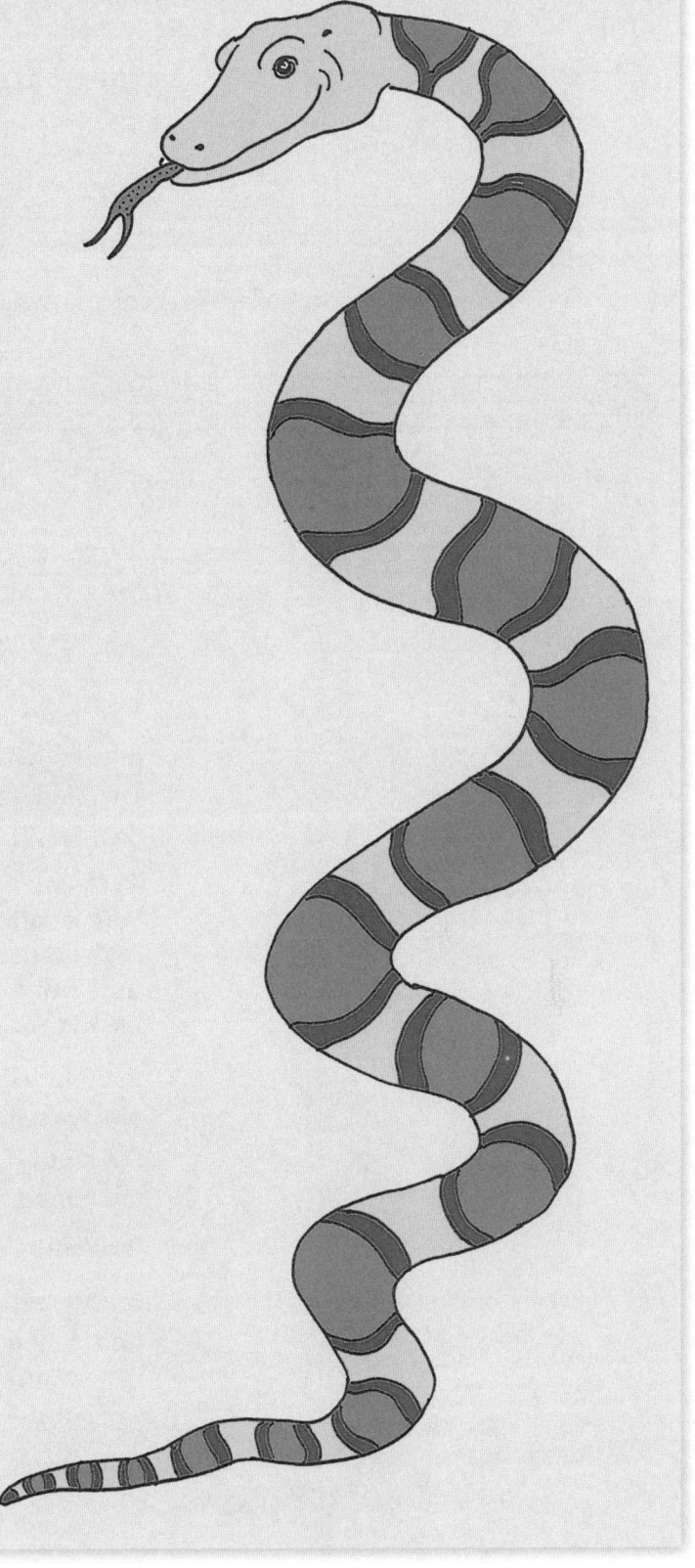

Da kriecht die lange Schlange.
Sie schleicht so durch die Welt
und sucht sich ihre Richtung,
grad wie es ihr gefällt.

Erstmal geht sie gradeaus,
dann biegt sie einfach ab.
Sie dreht sich um, hängt alles dran?
Es macht doch keiner schlapp?

Jetzt geht es durch ein Hügelland,
mal rauf und mal ins Tal.
Die ganze Schlange macht da mit,
ja viele, viele Mal.

So geht es hoch und runter nur,
dann alle in die Knie,
Ihr lauft so weiter nun geduckt,
das geht doch irgendwie.

Da biegt der Kopf zur Ecke ab,
um 90 Grad herum.
An dieser Stelle macht sie sich
ganz ungewöhnlich krumm.

Die Schlange findet ihren Weg,
sie kriecht durch die Natur,
mal links, mal rechts und auch zurück
und wechselt oft die Spur.

Sie schlängelt sich zu einer Null
grad wie ein großer Ball.
So kommt sie an ihr Ende dran,
ein Kreis auf jeden Fall.

Die Schlange frisst sich rundum satt
und wird so richtig breit.
Etwas gedehnt geht es voran,
so eine ganze Zeit.

Die Schlange sucht am Abend dann,
sich einen Ruheort.
Sie streckt sich noch mal langsam aus
und schläft dann ein sofort.

Spielanregungen

Sie sprechen das Gedicht und lassen die Kinder in einer Schlange gehen. Sie können das Stück mit entsprechender Musik begleiten, z. B. mit einem Reiben auf einer *Trommel* oder mit dem Anschlagen von *Triangel* oder *großem Becken*.

Das Klangkarussell

Text & Musik: Wolfgang Hering

CD 18

Kommt al-le in die Run-de, die nächs-te Fahrt geht los.
Ihr seid jetzt ein-ge-la-den, der Spaß wird si-cher groß. Wir
dre-hen uns im Krei-se, mal lang-sam und mal schnell und
hörn die In-stru-men-te im Klang - im Klnag - im Klang-ka-rus-sell.

1. Kommt alle in die Runde,
die nächste Fahrt geht los.
Ihr seid jetzt eingeladen,
der Spaß wird sicher groß.

Refrain:
**Wir drehen uns im Kreise,
mal langsam und mal schnell
und hörn die Instrumente
im Klang-, im Klang-, im Klangkarussell.**

2. Zwei Hölzer heißen Schlagholz,
die treten in Aktion.
Du klopfst sie aneinander
mit einem kurzen Ton.

Refrain

3. Cymbeln, die klingen klirrend
und scheppern richtig frech.
Wir lauschen, wie sie spielen,
es dröhnt das ganze Blech.

Refrain

4. Trommeln klingen nach Urwald,
mal dumpf und auch mal hell.
Wir schlagen sie erst langsam,
dann explodiert das Fell.

Refrain

© Copyright 2016 by Alfred Music Publishing GmbH

5. Zusammenspiel von verschiedenen Instrumenten

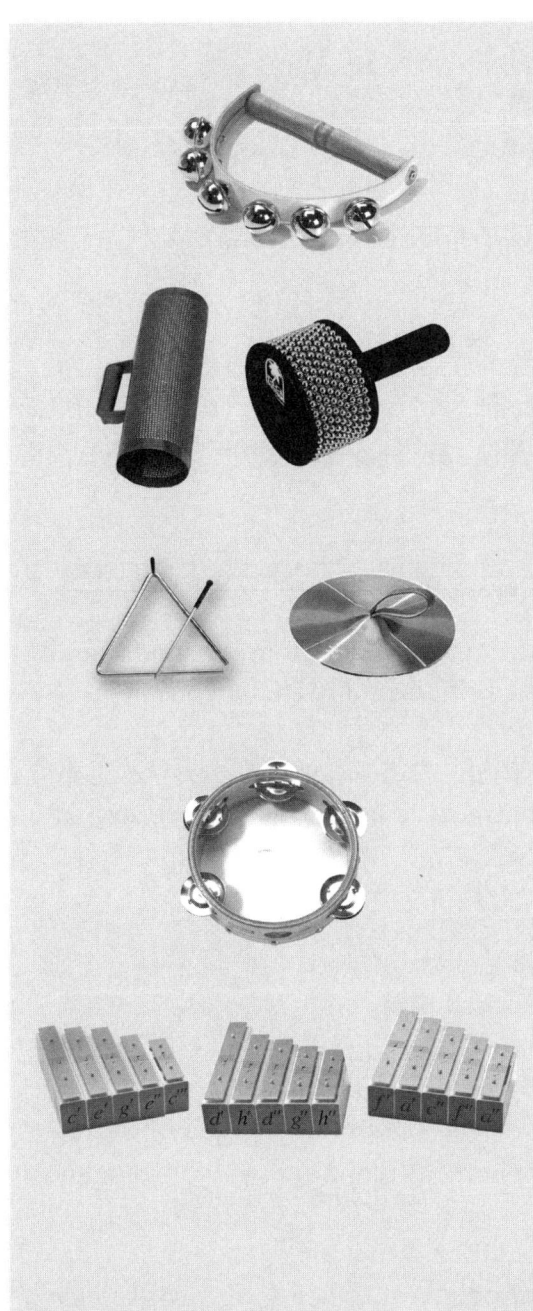

5. Glöckchen, die klingen lieblich,
die sind ganz hell dabei.
Sie spielen gern zusammen,
am besten immer zwei.

Refrain

6. Ratschen und Cabasa,
die klingen ja ganz irr.
So spuken auch Gespenster
mit Rasseln und Geklirr.

Refrain

7. Triangel und Becken,
die hören wir ganz lang,
geheimnisvoll und mystisch
berauscht uns dieser Klang.

Refrain

8. Tambourin und Schellen,
die sind recht interessant.
So werden manchmal Pferde
von weitem schon erkannt.

Refrain

9. Dann kommen Einzeltöne,
wir hörn sie hier und da.
Dann spielen sie gemeinsam,
das klingt ganz wunderbar.

Refrain

10. So drehn sich alle Klänge,
ein jeder, wie er will.
Das Karussell bleibt stehen,
und alles wird ganz still.

Refrain

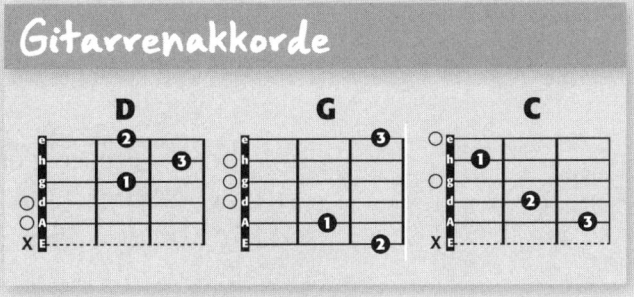

Spielanregungen

Verteilen Sie die genannten Instrumente – sie sind alle tragbar – an die Kinder. Die *erste Strophe* dient als Einstieg. Zum *Refrain* drehen sich die Kinder *im Kreis*. Nach und nach treten sie mit den entsprechenden Instrumenten in die *Kreismitte*.

Die ungezogene Prinzessin
Eine Klanggeschichte

Wolfgang Hering

Es war einmal eine Prinzessin (*hohe Trommeltöne*), ...

... die wollte nicht so brav sein, wie es der König (*tiefe Trommel, Cajón oder Thunderdrum*) und die Königin (*mittlere Trommeltöne*) wollten.

Es war extra ein Musiklehrer für sie eingestellt worden, der ihr das Spiel auf dem Klavier beibringen sollte (*Kalimba*).

Aber unsere Prinzessin (*hohe Trommeltöne*) wollte lieber Schlagzeug spielen. Sie hatte sich im Burgkeller etwas zum Trommeln zusammengestellt:

ein Paar Mülleimer
eine umgedrehte Kiste und
einen alten Stuhl.

Mit diesem selbstgebauten Schlagzeug legte sie in jeder freien Minute los (*Schläge auf verschiedenen Trommeln*).

Das hörte einer der ergebenen Hofdiener (*zwei wohlklingende Töne auf einem Xylofon*).

Er schlich langsam die Treppe runter (*Tonleiter abwärts spielen*), hielt sich dann seine Ohren zu und stampfte wieder die Treppen hinauf (*Tonleiter aufwärts spielen*).

Er hörte einen Trommelwirbel (*mehrere Trommelschläge*).

Dann berichtete er gleich dem König von dem Trommelkrach, der da von unten kam. „Was, die Prinzessin spielt nicht Klavier, sondern Schlagzeug; was für eine ungezogene Tochter." So begab sich auch der König in den Keller. Gerade spielte die Prinzessin ein *kleines Solo*. Mittlerweile hatte sich ein kleines Publikum aus der Dienerschaft zusammengefunden (*viele Xylofontöne*). Nach der Schlagzeugvorführung erhielt sie großen Applaus. (*Schellenkranz*).

5. Zusammenspiel von verschiedenen Instrumenten

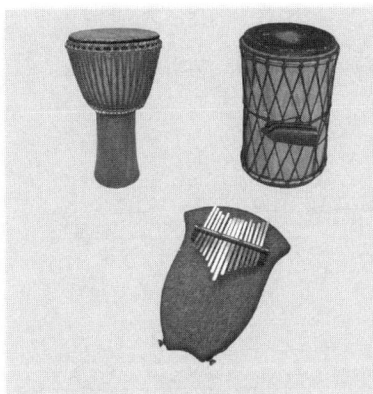

Das beeindruckte selbst den König und so bekam die Prinzessin (*hohe Trommeltöne*) ein supernagelneues Schlagzeug mit drei Kuhglocken und vierzehn Trommeln. Die Basstrommel (*tiefer Trommelschlag*) war fast so groß wie die Prinzessin selbst.

Sie war so froh, dass sie jetzt Schlagzeug spielen durfte, dass sie sogar versprach auf dem Klavier (*Kalimba*) zu üben.

Spielanregungen

Wenn Sie *Pauken* oder *Congas* zur Verfügung haben, können Sie die Klanggeschichte auch mit verschieden klingenden Felltönen musikalisch begleiten. Sie können auch Mülleimer, Kisten und Stühle als Alltagsinstrumente einbeziehen.

Der Storch
überliefert

Der **Storch**, der **steht** so **ganz** allein in **seinem Nest** auf **einem Bein**.	*Kinder stehen in einem Reifen. Auf ein Bein stellen.*
Klappt mit dem **Schna**bel **uns** zum **Gruß** und **wech**selt **auf** den **andern Fuß**.	*Mit den Armen einen Schnabel bilden. Schnabel auf- und zu klappen.*
Dann **brei**tet er die **Flügel aus** und **fliegt** (und **fliegt** und **fliegt** ...) zu **einem andern Haus**.	*Auf das andere Bein stellen und Arme ausbreiten. In einen anderen Reifen „fliegen".*

Spielanregung

Ein rhythmisches Stück mit viel Bewegung.

Bei „Schnabel" werden Rhythmusinstrumente wie *Trommel* oder *Klanghölzer* gespielt.

Bei „fliegt" Harmonieinstrumente wie Xylofon, Glockenspiel, Klangbausteine.

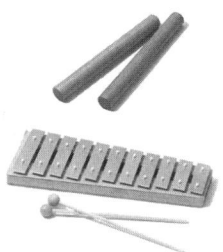

Zum Fliegen verlassen die Kinder ihre Reifen. Die Spielleitung nimmt ein Exemplar zur Seite und betont die letzte Silbe („Haus") mit einem kräftigen Schlag. Das ist das Signal, dass alle Kinder sich einen neuen Reifen suchen. Das Kind, das keinen Reifen erreicht, scheidet aus.

5. Zusammenspiel von verschiedenen Instrumenten

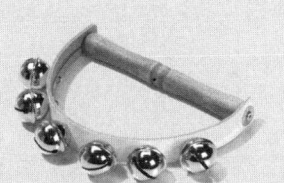
Die Vögel sind mit Glöckchen da
und schwirren durch den Raum.
Ein jeder dreht sich in der Luft
und kreist um einen Baum.

Refrain

3. Die Hasen kommen dann dazu,
im Rasseln sind sie fit.
Sie sausen dabei durchs Gebüsch,
es rauscht auf Schritt und Tritt.

Die Bären sind die Trommler hier
mit ganz besonderm Fell.
Sie schlagen mit der flachen Hand,
erst langsam und dann schnell.

Refrain

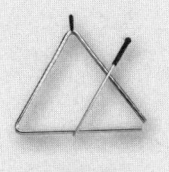
4. Und Füchse schleichen sich heran,
mit Triangeln am Band.
Die Töne sind geheimnisvoll
und klingen übers Land.

Die Eulen zeigen sich auch kurz
mit Tambourins bestückt.
Sie fliegen und sie spieln zugleich,
da sind sie sehr geschickt.

Refrain

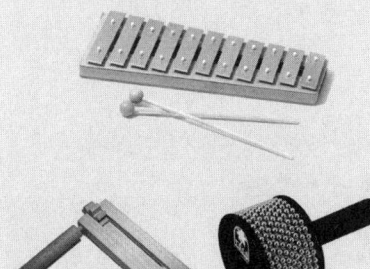
5. Die Igel sind am Glockenspiel
und tönen frohgemut.
Mal rauf mal runter, hell und spitz,
das klingt doch wirklich gut.
Die Frösche spielen Ratschen laut,
das Schrappen geht ins Ohr.
Sie quaken mit Gesang dazu
ein richtig schöner Chor.

Refrain

6. Der ganze Wald steht unter Strom,
das Publikum steigt ein.
Es musiziert dann im Konzert
der ganze Tierverein.
Es klingt ganz wild, und jedermann
zeigt, wie er spielen kann.
Mit einem großen Schlussakkord
schließt das Finale dann.

Refrain

Kunterbunte Spaß- und Spielmusik mit Kindern

Gitarrenakkorde

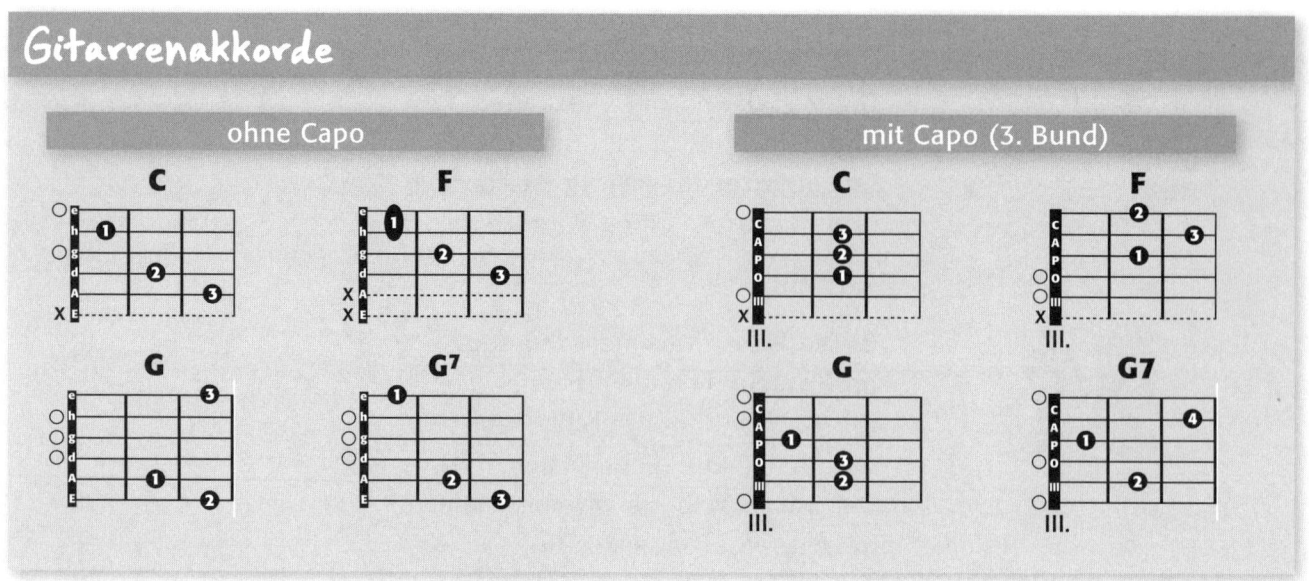

Spielanregungen

Es werden die genannten Instrumente benötigt:

Klanghölzer (oder Holzblocktrommel), Glöckchen, Rasseln, Handtrommeln, Maracas, Schellentrommeln (Tambourins), Glockenspiele, Guiros.

Weitere Klangkörper können noch in den letzten Strophen hinzukommen.

Zum *Refrain* klatschen die Zuhörer mit.

"Komm mit" oder "Lauf weg"
Wolfgang Hering

Die Kinder stellen sich *im Kreis* auf. Die Blickrichtung ist *nach innen*. Ein Kind läuft im Rücken der anderen *außen* um den Kreis herum. Das Laufen wird musikalisch von der Spielleitung durch einen Trommelschlag unterstützt.

Irgendwann tippt das Kind einem anderen auf die Schulter und sagt entweder „Komm mit!" oder „Lauf weg!"

Bei „Komm mit!" muss das Kind dem anderen hinterherlaufen.

Bei „Lauf weg!" muss das Kind in die entgegengesetzte Richtung laufen.

Beide Kinder laufen einmal um den Kreis herum. Wer als erstes an der Lücke angekommen ist, darf sich dahinstellen. Das andere Kind geht in der nächsten Runde außen um den Kreis herum.

5. Zusammenspiel von verschiedenen Instrumenten

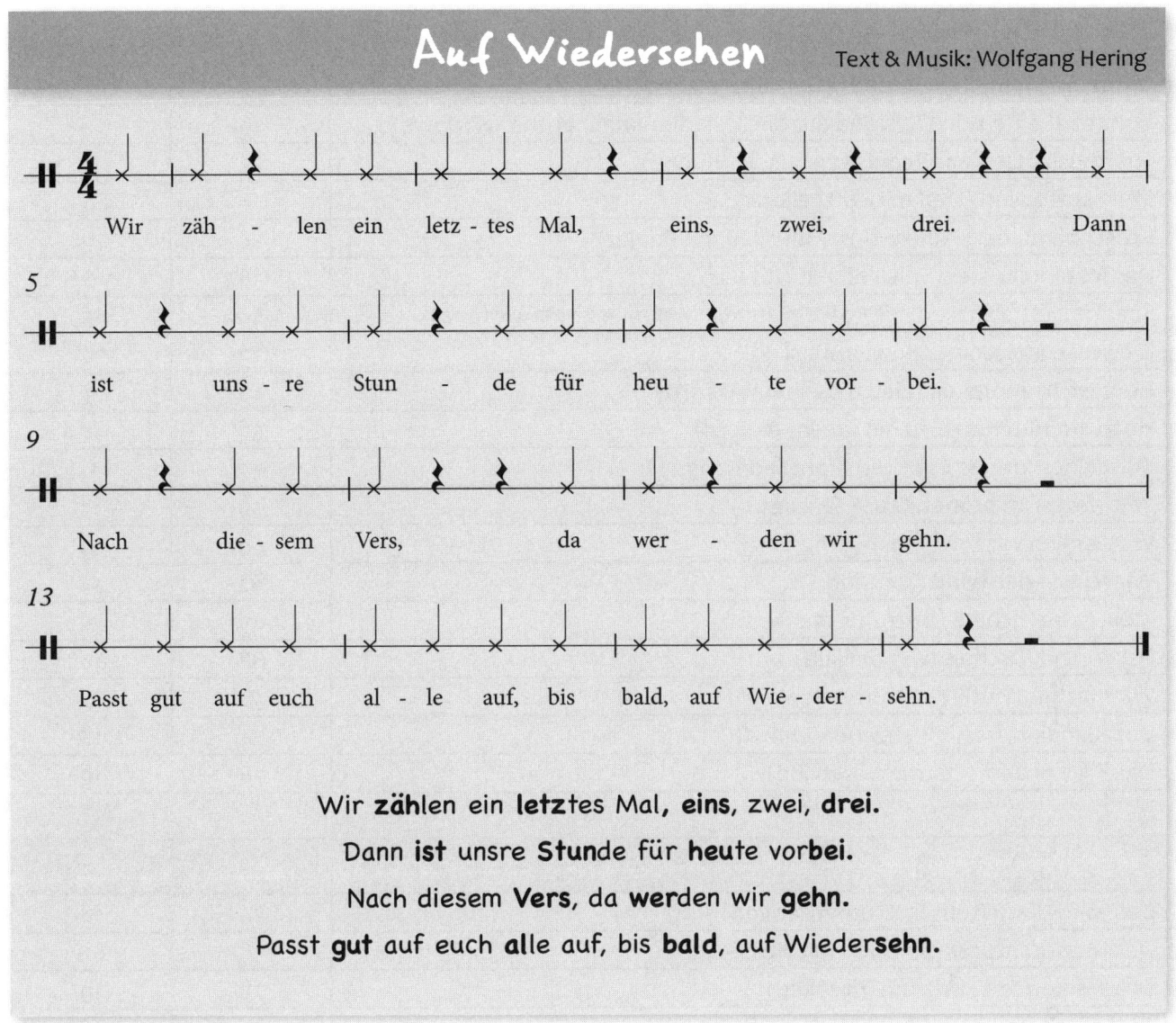

Spielanregungen

Jede Zeile wird von der Gruppe wiederholt. Beim Zählen können die Kinder mit den Fingern mitzählen.

Kunterbunte Spaß- und Spielmusik mit Kindern

CD-Verzeichnis	Seite	CD
Guten Morgen, liebe Kinder (Begrüßungslied)	15	1
Kommt zur Tür rein (Tanzlied auf die Melodie: Jingle at the windows)	19	2
Topfmusik (Lied mit Requisiten aus der Küche)	25	3
Mein Luftballon (Lied mit Luftballons)	28	4
Kruscholino, der Papierwurm (Spiellied mit Papier)	34	5
Das Nussorchester (Spiellied mit Nüssen)	36	6
Schüttellied (Tanzlied mit Rasseln auf die Melodie: Cheki Morena)	40	7
Die Waschmaschine (Bewegungslied)	42	8
Heut ist Trommeltag (Lied mit einem Akkord)	46	9
Hoch am Himmel (Lied mit einem Akkord)	53	10
Ein kleines graues Eselchen (Tanzlied/Kanon)	57	11
Wir tanzen im grünen Gras (Tanzlied)	59	12
Was wollen wir tun? (Bewegungslied)	60	13
Wirbel wie der Wind (Tanzlied)	62	14
Mein lieber Schatz (Instrumentenlied)	65	15
Dschungel, Dschungel (Spiellied)	68	16
Wir machen Musik (Instrumentenlied)	71	17
Das Klangkarussell (Instrumentenlied)	74	18
Das Tierkonzert (Instrumentenlied)	78	19

Lieder-Verzeichnis	Seite	CD
Das Klangkarussell (Instrumentenlied)	74	18
Das Nussorchester (Spiellied mit Nüssen)	36	06
Das Tierkonzert (Instrumentenlied)	78	19
Die Waschmaschine (Bewegungslied)	42	08
Dschungel, Dschungel (Spiellied)	68	16
Ein kleines graues Eselchen (Tanzlied/Kanon)	57	11
Guten Morgen, liebe Kinder (Begrüßungslied)	15	01
Heut ist Trommeltag (Lied mit einem Akkord)	46	09
Hoch am Himmel (Lied mit einem Akkord)	53	10
Ich bin da (Begrüßungslied auf die Melodie: Sur le pont d'Avignon)	54	
Ich geh mit meiner Laterne (Martinslied)	56	
Kommt zur Tür rein (Tanzlied auf die Melodie: Jingle at the windows)	19	02
Kruscholino, der Papierwurm (Spiellied mit Papier)	34	05
Mein lieber Schatz (Instrumentenlied)	65	15
Mein Luftballon (Lied mit Luftballons)	28	04
Schüttellied (Tanzlied mit Rasseln auf die Melodie: Cheki Morena)	40	07
Steine im Kreis (Lied auf die Melodie: Wer will fleißige Handwerker sehn)	32	
Topfmusik (Lied mit Requisiten aus der Küche)	25	03
Wir machen Musik (Instrumentenlied)	71	17
Was wollen wir tun? (Bewegungslied)	60	
Wir tanzen im grünen Gras (Tanzlied)	59	12
Wirbel wie der Wind (Tanzlied)	62	14
Zehn kleine Tannenbäume (Spiellied auf die Melodie: Zehn kleine Negerlein)	48	

6. Lieder- und Spiele-Verzeichnis

Liedbegleitung mit einem Akkord	Akkorde	Seite
Heut ist Trommeltag	D	46
Hoch am Himmel	F	53

Liedbegleitung mit zwei Akkorden	Akkorde	Seite
Die Waschmaschine (Bewegungslied)	C, G7	42
Dschungel, Dschungel (Spiellied)	Dm, C (Em, D)	68
Ein kleines graues Eselchen (Tanzlied/Kanon)	C, G	57
Ich bin da (Begrüßungslied auf die Melodie: Sur le pont d'Avignon)	F, C	54
Ich geh mit meiner Laterne (Martinslied)	F, C	56
Kommt zur Tür rein (Tanzlied auf die Melodie: Jingle at the windows)	C, F	19
Schüttellied (Tanzlied mit Rasseln auf die Melodie: Cheki Morena)	F, C	40
Steine im Kreis (Lied auf die Melodie: Wer will fleißige Handwerker sehn)	F, C	32
Was wollen wir tun? (Bewegungslied)	C, G	60
Wir tanzen im grünen Gras (Tanzlied)	F, C	59
Wirbel wie der Wind (Tanzlied)	F, C	62

Liedbegleitung mit drei Akkorden	Akkorde	Seite
Das Klangkarussell (Instrumentenlied)	D, G, C	74
Guten Morgen, liebe Kinder (Begrüßungslied)	C, F, G	15
Mein Luftballon (Lied mit Luftballons)	F, B, C	28
Zehn kleine Tannenbäume (Spiellied auf die Mel.: Zehn kleine Negerlein)	F, C, B	48

Liedbegleitung mit mehr als drei Akkorden	Akkorde	Seite
Das Nussorchester (Spiellied mit Nüssen)	D, F, A, Hm, A7	36
Das Tierkonzert (Instrumentenlied)	C, F, G, G7	78
Kruscholino, der Papierwurm (Spiellied mit Papier)	Cm, G, Fm, B, Es, G7	34
Mein lieber Schatz (Instrumentenlied)	C, F, G, As, G7	65
Topfmusik (Lied mit Requisiten aus der Küche)	C, F, G, G7	25
Wir machen Musik (Instrumentenlied)	F, Gm, C, C7, B	71

Spiele-Verzeichnis

Abzählspiele	Seite	CD
Auf Wiedersehen (Rhythmischer Abschiedsvers)	81	
Eine kleine Spitzmaus (Abzählspiel)	13	

Begrüßungs- und Kennenlernspiele	Seite	CD
Alle Kinder kommen dran (Kennenlernspiel)	10	
Guten Morgen, liebe Kinder (Begrüßungslied)	15	01
Guten Tag (Begrüßungsspiel)	7	
Ich bin da (Begrüßungslied auf die Melodie: Sur le pont d'Avignon)	54	
Wer ist alles da? (Kennenlernspiel)	11	

Bewegungsspiele	Seite	CD
Das Nussgedicht (Nussspiel)	36	
Der Storch (Action-/Bewegungsspiel)	77	
Die Schlange (Spielgedicht)	73	
Die Trommel gibt den Ton an (Bewegungsspiel)	45	
Ein kleines graues Eselchen (Tanzlied/Kanon)	57	11
Eins, zwei oder drei (Spiel mit Klangbausteinen)	61	
Flussüberquerung (Balancespiel mit Zeitungsblättern)	26	
Guten Morgen, liebe Kinder (Begrüßungslied)	15	01
Hoch am Himmel (Lied mit einem Akkord)	53	10
Ja-Nein-Spiel (Rhythmisches Kreisspiel)	6	
Kleine Stuhlgeschichten (Bewegungsspiel)	14	
„Komm mit" oder „Lauf weg" (Bewegungsspiel)	80	
Kommt zur Tür rein (Tanzlied auf die Melodie: Jingle at the windows)	19	02
Körperspiel (Rhythmusspiel)	22	
Luftballonspiele	27	
Macht mir alle alles nach! (Reaktionsspiel)	66	
Mein Freund, der Stuhl (Spielgedicht)	44	
Mein Luftballon (Lied mit Luftballons)	28	04
Rhythmisches Gehen mit Richtungswechsel (Bewegungsspiel)	18	
Rundlauf um ein Xylofon (Pentatonisches Bewegungsspiel)	59	
Star, Fan und Bodyguard (Action-/Bewegungsspiel)	20	
Steine wandern (Rhythmisches Kreisspiel)	31	
Was wollen wir tun? (Bewegungslied)	60	
Weitere Luftballonspiele	30	
Wir gehn im Kreis (Kreis-/Bewegungsspiel)	18	
Wirbel wie der Wind (Tanzlied)	62	14
Zum Puls der Zeit (Bewegungsspiel)	16	

6. Lieder- und Spiele-Verzeichnis

Klanggeschichten	Seite	CD
Das Tierkonzert (Instrumentenlied)	78	19
Der kranke König (Instrumentenspiel)	72	
Der Leuchtturm (Klanggeschichte)	70	
Die ungezogene Prinzessin (Klanggeschichte)	76	
Familie Frosch (Klanggeschichte)	24	
Luftballonspiele	27	
Topfmusik (Lied mit Requisiten aus der Küche)	25	03

Kreisspiele	Seite	CD
Das Klangkarussell (Instrumentenlied)	74	18
Flussüberquerung (Balancespiel mit Zeitungsblättern)	26	
Hepp, Hopp und Plong (Reaktionsspiel)	9	
Hoch am Himmel (Lied mit einem Akkord)	53	10
Ich bin da (Begrüßungslied auf die Melodie: Sur le pont d'Avignon)	54	
Instrumententanz (Instrumentenspiel)	67	
Kommt zur Tür rein (Tanzlied auf die Melodie: Jingle at the windows)	19	02
„Komm mit" oder „Lauf weg" (Bewegungsspiel)	80	
Steine im Kreis (Lied auf die Melodie: Wer will fleißige Handwerker sehn)	32	
Steine wandern (Rhythmisches Kreisspiel)	31	
Was wollen wir tun? (Bewegungslied)	60	13
Wir gehn im Kreis (Kreis-/Bewegungsspiel)	18	
Zwei Elefanten (Kreisspiel)	18	

Luftballonspiele	Seite	CD
Der unsichtbare Ball (Spielgedicht)	8	
Luftballonspiele	27	
Mein Luftballon (Lied mit Luftballons)	28	04
Weitere Luftballonspiele	30	

Spielgedichte	Seite	CD
Das Fahrrad-Glöckchenspiel (Spielgedicht)	47	
Das Nussgedicht (Nussspiel)	36	
Das Zwei-Töne-Stück (Spielgedicht)	55	
Der Storch (Action-/Bewegungsspiel)	77	
Der unsichtbare Ball (Spielgedicht)	8	
Die musikalische Fliege (Spielgedicht)	61	
Die Schlange (Spielgedicht)	73	
Mein Freund, der Stuhl (Spielgedicht)	44	
Meine Rumbarassel (Rhythmusspiel)	40	
Rhythmisches Regenspiel (Spiel mit Regenmacher oder Ocean Drum)	42	
Trommelspiel (Spielgedicht)	45	

Musik mit Alltagsinstrumenten	Seite	CD
Das Fahrrad-Glöckchenspiel (Spielgedicht)	47	
Das Nussgedicht (Nussspiel)	36	
Das Nussorchester (Spiellied mit Nüssen)	36	06
Die ungezogene Prinzessin (Klanggeschichte)	76	
Die Waschmaschine (Bewegungslied)	42	08
Ein Schlüsselspiel (Rhythmusspiel)	23	
Familie Frosch (Klanggeschichte)	24	
Flussüberquerung (Balancespiel mit Zeitungsblättern)	26	
Kruscholino, der Papierwurm (Spiellied mit Papier)	34	05
Luftballonspiele	27	
Mein lieber Schatz (Instrumentenlied)	65	15
Mein Luftballon (Lied mit Luftballons)	28	04
Meine Rumbarassel (Rhythmusspiel)	40	
Mick mack mulinak (Nussspiel)	24	
Steine im Kreis (Lied auf die Melodie: Wer will fleißige Handwerker sehn)	32	
Steine wandern (Rhythmisches Kreisspiel)	31	
Topfmusik (Lied mit Requisiten aus der Küche)	25	03
Verbotener Rhythmus (Reaktionsspiel)	38	
Weitere Luftballonspiele	30	

Pantomime	Seite	CD
Der Storch (Action-/Bewegungsspiel)	77	
Der unsichtbare Ball (Spielgedicht)	8	

Partnerspiele	Seite	CD
Der Partner als Trommel (Kreisspiel)	48	
Guten Tag (Begrüßungsspiel)	7	

Reaktionsspiele	Seite	CD
Hepp, Hopp und Plong (Reaktionsspiel)	9	
Macht mir alle alles nach! (Reaktionsspiel)	66	
Verbotener Rhythmus (Reaktionsspiel)	66	

6. Lieder- und Spiele-Verzeichnis

Rhythmusspiele	Seite	CD
Alle Kinder kommen dran (Kennenlernspiel)	10	
Auf Wiedersehen (Rhythmischer Abschiedsvers)	81	
Das Körperteile-Echospiel	12	
Der Partner als Trommel (Kreisspiel)	48	
Die Trommel gibt den Ton an (Bewegungsspiel)	45	
Ein Schlüsselspiel (Rhythmusspiel)	23	
Eine kleine Spitzmaus (Abzählspiel)	13	
Guten Tag (Begrüßungsspiel)	7	
Hepp, Hopp und Plong (Reaktionsspiel)	9	
Heut ist Trommeltag (Lied mit einem Akkord)	46	09
Ich hab mir etwas ausgedacht (Spielgedicht)	21	
Kommt zur Tür rein (Tanzlied auf die Melodie: Jingle at the windows)	19	02
Körperspiel (Rhythmusspiel)	22	
Kruscholino, der Papierwurm (Spiellied mit Papier)	34	05
Meine Rumbarassel (Rhythmusspiel)	40	
Mick mack mulinak (Nussspiel)	24	
Rhythmisches Gehen mit Richtungswechsel (Bewegungsspiel)	18	
Rhythmisches Regenspiel (Spiel mit Regenmacher oder Ocean Drum)	42	
Rhythmisches Wochenspiel (Kreisspiel)	10	
Steine wandern (Rhythmisches Kreisspiel)	31	
Topfmusik (Lied mit Requisiten aus der Küche)	25	03
Trommelspiel (Spielgedicht)	45	
Verbotener Rhythmus (Reaktionsspiel)	38	
Wer ist alles da? (Kennenlernspiel)	11	
Wir gehn im Kreis (Kreis-/Bewegungsspiel)	18	
Zehn kleine Tannenbäume (Spiellied auf die Mel.: Zehn kleine Negerlein)	48	
Zum Puls der Zeit (Bewegungsspiel)	16	

Spiele zur Sprachförderung	Seite	CD
Alle Kinder kommen dran (Kennenlernspiel)	10	
Das Körperteile-Echospiel	12	
Wer ist alles da? (Kennenlernspiel)	11	

Klasse! Cajónklasse

Trommeln im Musikunterricht! Ein Lehrer-Schüler Leitfaden für Gruppentrommeln.

Dieser durchgängig vierfarbige Lehrer-Schüler Leitfaden wurde speziell für das Klassenmusizieren in der Grundschule konzipiert.

Gruppenaufgaben, Grooves und Kinderlieder sind hier gezielt auf das Trommeln im Musikunterricht, an Musikschulen sowie in Kindergärten ausgerichtet.

Eine Klassenmethode, mit der auch nicht musikalisch ausgebildete LehrerInnen und ErzieherInnen auf pragmatische Weise ihren Kindergruppen erfolgreich das Rhythmustrommeln vermitteln können.

Buch (durchgehend 4-farbig) | 68 Seiten | DIN A4 (quer) | ISBN: 978-3-943638-83-7

Kräsch! Bum! Bäng! Cajón für Kinder

Die kinderleichte Cajónschule von Olaf Satzer!

Ab einem Alter von sechs Jahren spielend leicht Cajón spielen lernen.

Jedem Anschlag wird nicht nur eine eigene Farbe, sondern auch ein unverkennbarer Laut zugeordnet. So lernst du unterschiedliche Rhythmen, die so klingen, als ob du an einem kompletten Schlagzeug-Set sitzen würdest.

Quizaufgaben fassen das Gelernte noch einmal zusammen und drei coole Cajónsoli, mit denen du deine Eltern und Freunde überraschen kannst, runden die Lektionen ab.

Buch (durchgehend 4-farbig) | 42 Seiten | DIN A4 (quer) | ISBN: 978-3-943638-67-7